CW01507475

DE QUOI AVONS-NOUS
VRAIMENT BESOIN ?

Les Économistes atterrés

DE QUOI AVONS-NOUS *VRAIMENT* BESOIN ?

Pour vivre ensemble
et éviter le désastre social et écologique
au XXIe siècle

Éditions Les Liens qui libèrent

Ce livre a été coordonné par Mireille Bruyère.
Y ont contribué Philippe Askenazy, Éric Berr, Mireille
Bruyère, Léo Charles, Benjamin Coriat, Nathalie
Coutinet, Anne Eydoux, David Flacher, Hugo Harari-
Kermadec, Jean-Marie Harribey, Anaïs Henneguelle,
Sabina Issehnane, Esther Jeffers, Dany Lang, Virginie
Monvoisin, Fabienne Orsi, Alban Pellegris, Dominique
Plihon et Stéphanie Treillet.

ISBN : 979-10-209-1135-3

*Nous dédions ce livre à la mémoire de Michel Husson,
économiste hors pair et ami de beaucoup d'entre nous.
Un ami qui savait mieux que quiconque débusquer les
impostures intellectuelles et faire de l'humour une poé-
sie quotidienne.*

Ce dont nous avons vraiment besoin dessine la société souhaitable

La tradition veut que l'économie soit organisée en vue de répondre aux besoins humains, et même que ces besoins soient exprimés individuellement en fonction de préférences personnelles. On voit déjà qu'une première contradiction se loge dans ces banalités : s'il existe des besoins inhérents à la condition d'êtres vivants (manger, boire, dormir, se protéger…), et surtout d'êtres vivant en société, où se situe l'ordonnancement des préférences individuelles qui, paraît-il, préside aux choix de société ? Non seulement cette imagerie a depuis longtemps été critiquée pour le rôle idéologique qu'elle joue pour justifier une organisation spécifique de la société tournée vers l'accumulation infinie de marchandises, mais elle a été très fortement mise à mal par l'irruption de la pandémie du Covid-19 en 2020.

D'une part, la logique du capitalisme d'expansion sans limites a conduit à une crise écologique sans précédent et à la certitude du réchauffement du climat terrestre, au point de faire entrer la planète dans une nouvelle ère géologique qualifiée d'anthropocène parce que c'est l'activité humaine qui en est la cause. Non pas l'activité de tous les humains, car tous n'ont pas la même responsabilité dans ce désastre, mais celle des humains embringués depuis deux siècles dans une fuite en avant productiviste et consumériste inhérente au capitalisme[1].

D'autre part, la survenue de zoonoses, telles que les virus de VIH, Ebola, et aujourd'hui du Sars-CoV-2, montre que les barrières naturelles qui bloquaient leur diffusion ont progressivement sauté au cours des dernières décennies. Il est de plus en plus probable que ce phénomène n'est pas étranger à la crise générale du système économique mondial, qui se heurte simultanément à la limite de la dégradation sociale faisant obstacle à l'écoulement des marchandises produites à profusion et à la limite de l'exploitation de la nature. La pandémie du Covid-19 n'a donc pas éclaté dans un ciel serein, mais dans une situation où les conditions d'une vie bonne accessible à toute l'humanité craquent de toutes parts.

1. La notion d'anthropocène est due aux scientifiques Crutzen P. J. et Stoermer E. S. (2000), « The "Anthropocene" », *Global Change*, Newsletter, n° 41, mai 2000. Pour une discussion de la notion, voir entre autres Bonneuil C. et Fressoz J.-B. (2013), *L'Événement anthropocène, La Terre, l'histoire et nous*, Paris, Seuil ; Campagne A. (2017), *Le Capitalocène, Aux racines historiques du dérèglement climatique*, Préface de Bonneuil C., Paris, Éd. Divergences ; Malm A. (2017), *L'Anthropocène contre l'histoire, Le réchauffement climatique à l'ère du capital*, Paris, La Fabrique.

Cette situation pourrait devenir rapidement insupportable, tant pour l'humanité que pour les équilibres écosystémiques – pour l'humanité au sein des écosystèmes. Ce n'est pas par hasard que la première discussion qui s'est ouverte lors de la déclaration de la pandémie fut celle du dépassement du «monde d'avant» et de l'ouverture d'un «monde d'après». Discussion vite enterrée au demeurant, mais dont la trace subsiste et qui est à l'origine de l'interrogation que les Économistes atterrés posent dans ce livre: de quoi avons-nous *vraiment* besoin? Dans tout ce que les humains font, produisent et consomment, qu'est-ce qui est vraiment essentiel? Essentiel pourquoi, pour quoi et pour qui? Toutes les sociétés se posent ces questions, même si elles ne sont pas explicites, et les institutions qu'elles construisent sont chargées d'y répondre dans la durée. Or, lors des moments de crise comme celle que nous connaissons, ces questions resurgissent au grand jour et amènent à des remises en cause profondes.

Si chaque être humain doit satisfaire, pour rester vivant, des besoins physiologiques de base, on ne peut en rester à une définition naturelle de ceux-ci. Parce que les biens et services produits et consommés évoluent dans le temps et sont différents dans l'espace. Et aussi parce que la manière de les satisfaire diffère selon l'époque et selon les sociétés au même moment. Manger se fait avec des fourchettes et cuillères, des baguettes ou avec les doigts, assis autour d'une table sur des chaises ou en rond sur un tapis à même le sol. Est-ce l'occasion d'ingurgiter des protéines et des calories ou bien aussi de faire lien avec les autres?

Autrement dit, la manière de satisfaire les besoins est d'ordre culturel au moins autant que matériel. Et s'il est impossible de définir objectivement et universellement les besoins essentiels, c'est parce qu'ils sont liés aux modes de vie, à la culture et donc aux institutions sociales qui fondent le «vivre ensemble» à un moment donné, sans oublier les contraintes d'une domination d'une classe sur les autres. Et c'est ici que la pandémie vient nous rappeler la relativité des besoins au regard de l'évolution sociale: durant les confinements, la vente de matériel informatique a été autorisée, non pas parce qu'elle était destinée à satisfaire un besoin physiologique de base, mais qu'elle répondait à un besoin de maintien du lien social et d'une activité économique minimale. Les inégalités de classes sont apparues de façon encore plus flagrante durant ces mêmes confinements qui ne pouvaient être vécus aussi bien dans un appartement de standing, dans une résidence secondaire en plein air ou dans une HLM exiguë.

Si l'on admet que les manières de satisfaire les besoins sont parties prenantes de la définition même de ces besoins, cela signifie qu'elles sont inséparables de la façon dont sont produits les biens et services propres à les satisfaire. Produisons-nous la même chose lorsqu'un service de santé résulte d'une organisation très hiérarchisée, gouvernée par des objectifs quantitatifs abstraits, privée et à but lucratif, et soumis à une logique industrielle d'économie d'échelle, et lorsque le soin est produit par des hôpitaux publics ou des maisons de santé publiques de proximité, aux organisations peu hiérarchisées et administrées par les soignants en lien avec les usagers, dans le respect des objectifs globaux fixés démocratiquement?

Il est un autre aspect que la pandémie a révélé brutalement: celui de l'impréparation du système hospitalier, à cause de son délabrement par les politiques néolibérales. Diminuer pendant des années le nombre de lits, soumettre l'hôpital public à des normes de rentabilité, contraindre les personnels soignants à une surcharge de travail en leur refusant les créations de postes nécessaires, tout cela exprimait le choix politique de faire exploser le consensus autour de l'idée que la santé ne devait pas être considérée comme une marchandise.

Apparaît donc le caractère conflictuel des choix politiques qui conduisent à satisfaire tel ou tel besoin plutôt qu'un autre, à choisir la manière de les satisfaire ainsi que les personnes et les classes qui les verront convenablement satisfaits. Au sein des classes aisées et riches, l'éventail des choix des individus sera infiniment plus large qu'au sein des classes populaires.

Le présent ouvrage se fixe comme objectif d'examiner la problématique des besoins dans une perspective nouvelle: de quoi avons-nous vraiment besoin de façon à répondre aux attentes sociales et individuelles, en sachant qu'il n'y a pas d'expansion matérielle infinie possible sur la planète Terre ? Huit chapitres structurent ce livre.

Le premier, « Se nourrir », analyse l'impasse d'un système alimentaire productiviste arrivé aujourd'hui à bout de souffle, notamment parce qu'il n'est pas résilient et parce que, souvent, les aliments issus de l'agro-industrie rendent malade. Mais des alternatives existent déjà, notamment celles qui promeuvent l'agroécologie, et elles réussiront d'autant mieux que la politique agricole européenne sera radicalement réformée.

Le deuxième chapitre, « Se soigner », tire le bilan de la dégradation des institutions de soin révélée par la pandémie. Face à cela, il propose d'en « revenir au soin », à la fois pour redonner force au lien social à travers cette pratique, renouer avec la fonction sociale de l'hôpital et pour réaffirmer la nécessité de la démocratie dans le système de santé.

Se nourrir pendant les confinements et se soigner, parfois dans l'urgence, furent les premières préoccupations dès les premiers mois de 2020. Mais elles furent suivies de très près par le besoin de continuer à s'éduquer. Les élèves et les étudiants en savent quelque chose. C'est l'objet du troisième chapitre dans lequel il est mis en évidence l'inanité du concept de capital humain et comment il est possible de sortir l'éducation de la voie de la marchandisation pour en faire un support d'émancipation.

De l'éducation à la culture il n'y a qu'un pas que le quatrième chapitre franchit. En effet, au fur et à mesure des confinements rendus nécessaires par les vagues successives de la pandémie, le manque d'accès à la culture se fit grandement sentir parce que le gouvernement d'Emmanuel Macron avait cru faire croire à la population qu'aller au musée, au cinéma, au théâtre et que se réunir entre proches, même avec toutes les précautions nécessaires, étaient superflus. Las! Rouvrir les lieux de culture est apparu comme vital, dans le sens où le lien social ne peut pas être supplanté indéfiniment par la distanciation sociale.

Un autre élément essentiel à la vie sociale est la mobilité. Mais comment est-elle vraiment possible sans être «bien logé», sans avoir accès à un habitat sain et écologique? Telle est la question sur laquelle se penche le cinquième chapitre de cet ouvrage. Il montre notamment combien le droit individuel à la mobilité est une question éminemment collective et donc politique. Les inégalités en matière d'accès à un logement permettant l'épanouissement des personnes et des familles sont trop criantes pour qu'elles ne deviennent pas un enjeu primordial.

Mais résoudre ce problème comme beaucoup d'autres suppose de transformer complètement nos modèles de production. Comme le dit le sixième chapitre, les organisations productives sont aujourd'hui trop puissantes, trop mondialisées et trop financiarisées. Une bifurcation productive exige alors de transformer le fonctionnement des entreprises et de limiter grandement la concentration du capital.

Le capital est en question ? Mais vient alors le temps du travail qui constitue l'objet du septième chapitre, afin de montrer les enjeux de sa transformation à l'ère du numérique et du télétravail. On ne sait certes pas grand-chose du futur, mais il est certain que trois sujets au moins restent et resteront d'une brûlante actualité : la réduction du temps de travail est absolument nécessaire, non seulement pour réduire le chômage mais aussi pour sortir du productivisme ; la réduction des inégalités de toutes sortes, en commençant par celle des revenus et celle subsistant entre femmes et hommes, devient urgente ; enfin, la garantie de l'emploi est aujourd'hui une clé pour inverser totalement les politiques économiques vers un mieux-être.

Tout ce qui précède pourrait être résumé par l'imagination et la construction d'un nouveau «vivre ensemble», qui est le titre du huitième et dernier chapitre de cet ouvrage. La dégradation du lien social est bien antérieure à la pandémie et celle-ci n'a fait que l'approfondir. Les inégalités économiques et sociales se sont accrues sous l'effet de la financiarisation de l'économie capitaliste mondiale et on a pu en mesurer les graves conséquences dans chaque pays, du Nord au Sud. Rétablir les solidarités collectives, en premier lieu la protection sociale, est le principe qui doit gouverner la réunion des conditions d'un vivre ensemble respectueux de tous les humains et préservant une planète habitable. En effet, ce dont nous avons vraiment besoin ne peut être imaginé dans un ensemble planétaire que l'on penserait illimité. C'est aussi la raison pour laquelle la réduction des inégalités, notre «mère des réformes», la relocalisation autant que possible de la production dans des unités à taille humaine et une démocratie revivifiée sont intiment liées.

Les auteurs de ce livre, femmes et hommes membres des Économistes atterrés, ne prétendent pas bâtir de nouveaux châteaux en pays d'économie, mais bien de contribuer à faire que celle-ci devienne enfin subordonnée aux exigences sociales et écologiques de notre temps. Ils proposent ainsi d'analyser la dimension économique des phénomènes sociaux en l'articulant aux besoins auxquels elle renvoie, qui expriment des choix dans notre manière de vivre, de produire et de consommer. Ils espèrent que la cohérence entre les thèmes qu'ils ont soulevés sera à même de favoriser les convergences sociales pour que les utopies esquissées deviennent réalité.

CHAPITRE 1

Se nourrir

ALBAN PELLEGRIS ET DOMINIQUE PLIHON

En 2021, 690 millions de personnes souffrent de la faim dans le monde. Ce chiffre est effrayant, car il renvoie au dénuement extrême : avoir un abri et pouvoir manger sont des besoins humains de base, universel. Ne pensons pas que cette problématique alimentaire soit l'apanage des pays du Sud : en France, on estime que 3,9 millions de personnes (6 % de la population) sont obligés d'avoir recours à l'aide alimentaire[1]. Au-delà de l'accès à un nombre de calories par jour, la dimension qualitative est absolument essentielle : bien manger participe à la pleine santé. Le système alimentaire de demain doit donc satisfaire ces critères dans le cadre des limites écologiques. Disons-le d'emblée, le système agro-industriel actuel n'est pas à la hauteur. Mais il existe des alternatives pour une alimentation durable accessible à tous.

1. «Inégalités sociales et alimentation», rapport Fors-Recherche sociale, décembre 2014.

1. Un système alimentaire productiviste à bout de souffle

Notre système alimentaire est un héritage de l'après-guerre. Pour en comprendre les contradictions écologiques et sociales actuelles, il nous faut revenir brièvement sur ses origines.

1.1. Ambitions et promesses originelles du productivisme

À la sortie de la guerre, les exploitations agricoles sont sinistrées. La production agricole ne représente plus que les deux tiers de celle de 1938, de sorte que la France doit importer des produits alimentaires pour combler son déficit[1]. Le rationnement alimentaire dure jusqu'en 1949. Aussi, la politique agricole d'alors vise à assurer la sécurité alimentaire[2]. L'agriculture est également sommée de s'adapter afin de permettre l'industrialisation du pays : nourrir à moindre coût pour augmenter le pouvoir d'achat, mais aussi libérer de la main-d'œuvre et constituer un débouché pour l'industrie[3]. Moto-mécanisation, énergies fossiles,

1. Girou R. (2012), « 60 années de mutations dans l'agriculture française », revue *Citoyens, La Vie Nouvelle*, http://www.lvn.asso.fr/spip.php?article1492.
2. La sécurité alimentaire est un concept défini par l'accès de tous les individus d'une population à une alimentation de qualité et en quantité suffisante pour satisfaire leurs besoins fondamentaux.
3. Duby G. et Wallon A. (1976), *Histoire de la France rurale*, t. 4, Paris, Seuil.

engrais chimiques, sélections génétiques et remem-
brement des terres visent à atteindre ces grands objectifs au cœur des plans Monnet (1946) et Marshall
(1952).

Ce projet rencontre l'adhésion d'une partie de la profession agricole qui souhaite, elle aussi, faire son entrée
dans la modernité. Emmenés par le Centre national des
jeunes agriculteurs, ces «paysans se voulant entrepre-
neurs» embrassent les progrès techniques dans le cadre
d'exploitations familiales à deux unités de travail[1]. Les
lois de modernisation agricole de 1960 et 1962 consa-
creront ce modèle. Grâce au système de prix garantis
dans le cadre de la politique agricole commune (PAC,
1962), les agriculteurs acceptent de réaliser de lourds
investissements, car ils sont protégés de l'incertitude et
de l'instabilité propres aux marchés agricoles[2].

Les résultats sont spectaculaires: le rendement
annuel moyen à l'hectare de blé tendre fait plus que
doubler entre 1950 et 1970[3] alors que le nombre d'actifs
diminue de 70 % entre 1962 et 1988. Les petites exploitations fondées sur la polyculture, le polyélevage, la

1. Muller P. (1984), *Le Technocrate et le paysan - Les lois d'orientation agricole de 1960-1962 et la modernisation de l'agriculture française 1945-1984*, Paris, L'Harmattan.
2. Les marchés agricoles sont particulièrement instables: l'offre
peut varier fortement (notamment du fait des aléas climatiques),
alors que la demande est rigide (biens de base avec peu de substi-
tuts), de sorte qu'il peut y avoir d'importantes variations de prix très
déstabilisantes pour les acteurs. C'est la loi de King.
3. Agreste Primeur, 2008, «Les rendements du blé et du maïs ne
progressent plus», n° 210, mai.

pluriactivité et sur l'autoconsommation s'effacent. Les gains de productivité sont tels que l'agriculture française devient excédentaire, hissant la France au rang de deuxième exportateur mondial de produits agricoles au milieu des années 1970.

Dans le même temps, les agriculteurs doivent accepter une baisse continue et forte de tous les prix agricoles : – 0,4 % par an entre 1960 et 1972, puis – 2,2 % par an entre 1972 et 1982. Cette situation n'empêche pas une progression du niveau de vie des agriculteurs, car ils sont moins nombreux et plus productifs : le revenu agricole réel par actif augmente de 4,6 % par an entre 1960 et 1972, soit une multiplication par près de deux[1].

Du côté des ménages, cette abondance de produits alimentaires, plus diversifiée, et à coût décroissant, contribue à réduire le poids des dépenses alimentaires dans le budget : moins de 20 % actuellement, contre 34,6 % en 1960[2]. En libérant du pouvoir d'achat, la modernisation agricole accompagne pleinement le développement de la société de consommation. Enfin, l'industrialisation de l'alimentation réduit le temps consacré à la préparation des repas, ce qui contribue à modifier les conditions de vie domestique des femmes

1. Desriers M. (2017), «L'agriculture française depuis cinquante ans : des petites exploitations familiales aux droits à paiement unique», INSEE, 1er janvier.
2. Larochette B. et Sanchez-Gonzalez, J. (2015), «Cinquante ans de consommation alimentaire : une croissance modérée, mais de profonds changements», *INSEE Première*.

et favorise l'augmentation de leur taux d'activité professionnelle[1].

1.2. Un modèle qui accumule les contradictions

Malgré ces progrès notables, le modèle se grippe progressivement à partir des années 1970. Des contradictions finissent par apparaître au niveau sanitaire, social et environnemental.

Des aliments qui nous rendent malades?

La première impasse tient à la faible qualité nutritionnelle des produits, nuisible pour la santé. Au premier plan du problème figurent les aliments ultra-transformés par l'agro-industrie qui représentent plus de la moitié des apports énergétiques dans les pays occidentaux[2]. Ces produits contiennent moins de vitamines et de fibres, plus de graisses saturées, de sel et d'additifs[3]. Leur consommation engendre des problèmes de santé, tels que l'obésité, l'hypertension

---

1. Champagne C., Pailhé A. et Solaz, A. (2015), «Temps domestique et parental des hommes et des femmes: quels facteurs d'évolutions en 25 ans?», https://www.persee.fr/doc/estat_0336-1454_2015_num_478_1_10563.
2. Sénat (2021), «Vers une alimentation durable: Un enjeu sanitaire, social, territorial et environnemental majeur pour la France», Rapport d'information, mai.
3. Les produits ultra-transformés sont issus d'un long processus de recombinaisons d'aliments et d'additifs, utilisés par l'industrie agroalimentaire, peu coûteux et faciles à consommer. Par exemple, les céréales du petit déjeuner, les sodas, les biscuits…

artérielle, les maladies cardio-vasculaires, les cancers, et les symptômes dépressifs avec des différences notables entre classes sociales[1]. L'obésité, mesurée par l'indice de masse corporelle, est près de deux fois plus répandue dans les catégories les moins favorisées (16,7 % chez les ouvriers) que dans les catégories plus aisées (8,7 % chez les cadres supérieurs)[2].

La baisse de la qualité nutritionnelle n'épargne pas les produits bruts. Des travaux menés aux États-Unis sur 43 fruits et légumes, publiés en 2004, indiquent que les concentrations ont baissé de 20 % pour la vitamine C, 15 % pour le fer, 16 % pour le calcium ou encore 6 % pour les protéines[3]. La présence de résidus de pesticides au-delà des seuils supérieurs aux limites maximales réglementaires inquiète[4].

Un modèle social qui ne tient pas ses promesses

Une seconde impasse tient au modèle social qui s'est profondément dégradé du fait des politiques néolibérales.

---

1. Recours F. et Hébel P. (2006), «Les populations modestes ont-elles une alimentation déséquilibrée?», Centre de recherche pour l'étude et l'observation des conditions de vie, *Cahier de recherche*, n° C232, décembre.
2. Observatoire épidémiologique (2012), «Enquête épidémiologique nationale sur le surpoids et l'obésité 2012».
3. Https://www.lemonde.fr/les-decodeurs/article/2016/10/12/qualite-nutritive-des-aliments-des-inquietudes-et-des-exagerations_5012617_4355770.html.
4. Https://www.generations-futures.fr/actualites/residus-pesticides-fruits-legumes-vrais-chiffres/.

Un système fondé sur le productivisme a besoin de débouchés sans cesse croissants. Or, dès la fin des années 1960, la surproduction agricole européenne nécessite d'être exportée sur les marchés mondiaux. Comme ces excédents coûtaient de plus en plus cher au budget communautaire[1], la PAC est réformée au début des années 1990. Cependant, la solution retenue est profondément libérale : au lieu de procéder à un contrôle des volumes produits pour enrayer le phénomène[2], le choix fut de supprimer les prix garantis. L'idée était qu'un « vrai prix » de marché (ici mondial) ajusterait la production. Les agriculteurs européens entraient dans la compétition mondiale, sommés d'être compétitifs face aux grandes cultures américaines. Le soutien aux revenus prendrait désormais la forme d'*aides directes*, censées être décorrélées des volumes produits.

Aujourd'hui près de 80 % du revenu agricole proviennent de ces aides, mais avec des inégalités importantes : 80 % des aides vont à 20 % des agriculteurs[3]. Ainsi, si le revenu réel moyen par actif agricole a continué de progresser de 20 % depuis 1990, dans le même

1. Schématiquement, l'UE achète aux prix garantis aux agriculteurs européens et revend au prix mondial, qui est inférieur. Cela s'apparente à une subvention à l'exportation destructrice des agricultures du Sud.

2. Comme cela fut le cas, pendant un temps, en production laitière avec les quotas de production.

3. Commission européenne (2019), « Direct payments to agricultural producers graphs and figures (financial year 2018) », Bruxelles.

temps, 22,4 % des agriculteurs vivent sous le seuil de pauvreté (contre 10,6 % en moyenne en France en 2018)[1]. La parité avec le reste de la population n'est pas au rendez-vous.

Ce résultat s'explique aussi par la concentration de l'aval : les grandes surfaces représentent désormais 63,5 % des parts de marché, contre 12 % en 1970, tandis que le secteur agroalimentaire a connu une hyper-concentration, avec des géants comme le groupe français Lactalis, premier acteur mondial des produits laitiers. Ce déséquilibre considérable avec les producteurs conduit à un partage de plus en plus inégal de la valeur ajoutée : en 2014, sur 100 euros de dépenses alimentaires, seuls 6,50 € reviennent aux agriculteurs, une chute de 30 % par rapport à 1999[2].

Le salariat, en plein développement en agriculture suite à l'apparition d'une agriculture de firme[3], n'est pas en reste : faibles rémunérations, contrats précaires[4], recours aux travailleurs détachés... Autre paradoxe, ce modèle continue à détruire des emplois

1. Le seuil de pauvreté considéré ici est à 60 % du revenu médian.
2. D'après l'Observatoire de la formation des prix et des marges.
3. Purseigle F., Nguyen G. et Blanc P. (2017), *Le Nouveau Capitalisme agricole. De la ferme à la firme*, Paris, Presses de Sciences Po, « Académique » ; Pellegris, A. (2014,), « Le capital s'en va aux champs » https://www.contretemps.eu/le-capital-sen-va-aux-champs/.
4. Cahuzac É. et Détang-Dessendre, C. (2011), « Le salariat agricole. Une part croissante dans l'emploi des exploitations mais une précarité des statuts », *Économie rurale*, n° 323.

alors même que le chômage touche au minimum[1] 8 %
des actifs[2].

Une impasse écologique et une faible résilience

Impasse sociale, le productivisme est aussi une
impasse écologique. La conquête des rendements a eu
un triple impact dévastateur sur l'environnement : le
gaspillage des ressources (comme l'eau et l'énergie),
l'uniformisation des productions et la pollution[3].

D'après l'ADEME[4], la production et la préparation
de nos aliments sont responsables d'un quart des émissions de gaz à effet de serre françaises. L'essentiel de ces
« émissions alimentaires » est le fait de l'agriculture (67 %)
et des transports (20 %). En effet, la moto-mécanisation
intensive de l'agriculture repose sur l'usage d'énergies
fossiles et d'engrais chimiques, eux aussi énergivores : en
moyenne, il faut 10 calories fossiles pour faire une calo-
rie alimentaire, et même 36 pour les cultures hors-sol[5].

1. Le taux est supérieur en incluant le sous-emploi et le halo du
chômage.
2. ActifAgri : « De l'emploi à l'activité agricole : déterminants,
dynamiques et trajectoires », Ministère de l'Agriculture et de l'Alimentation, 2020, https://agriculture.gouv.fr/actifagri-de-lemploi-
lactivite-agricole-determinants-dynamiques-et-trajectoires.
3. Mitralias R. (2012), « L'agriculture productiviste, état des lieux
d'un processus "contre-nature" », Contretemps.
4. Barbier C., Couturier C., Pourouchottamin P., Cayla J.-M.,
Sylvestre M., Pharabod I. (2019), « L'empreinte énergétique et carbone de l'alimentation en France », Club Ingénierie Prospective
Énergie et Environnement, Paris, IDDRI.
5. Bourguignon, C. et L. (2015), « La mort des sols agricoles »,
Esprit du temps, n°148.

90 % des émissions de gaz à effet de serre en agriculture proviennent toutefois des productions animales. Pour cause, les rejets en méthane et en protoxyde d'azote propres à ces productions ont un potentiel de réchauffement très supérieur à celui du CO_2[1]. Par ailleurs, les conditions de vie des animaux dans ces élevages intensifs posent également question.

Pesticides, engrais et monoculture tendent à détruire les sols, polluent l'eau et participent à la disparition de la biodiversité. 10 millions d'hectares par an se transforment chaque année en désert dans le monde et 80 % des insectes, un des socles de la chaîne alimentaire, ont disparu en 30 ans en Europe du fait des pratiques agricoles[2]. D'après l'IFEN, en 2005, 91 % des mesures en rivière et 55 % des mesures souterraines, dont des sources dédiées à l'eau potable, révèlent la présence de pesticides. La pollution aux nitrates est également préoccupante[3].

Parce qu'elle a besoin de créer des produits identiques, l'agriculture productiviste a entraîné la disparition de la polyculture, de la diversité des races animales et des variétés végétales, l'uniformisation des paysages et la spécialisation des territoires qui ont conduit à un appauvrissement de la biodiversité.

1. Respectivement 28 et 265 fois supérieurs à celui du CO_2. Shift Project, «Réussir le passage à l'agriculture durable».
2. Https://www.lemonde.fr/biodiversite/article/2017/10/18/en-trente-ans-pres-de-80-des-insectes-auraient-disparu-en-europe_5202939_1652692.html.
3. IFEN (2005), Cancers et environnement, http://www.ifen.fr/.

Ce modèle conduit à la destruction des éléments
agroécologiques dans les champs (haies, mares, bos-
quets, etc.). À l'échelle mondiale, il porte aussi une
responsabilité dans l'apparition des zoonoses[1] et des
pandémies, liées à la déforestation et à la destruction
d'habitats d'espèces naturelles[2].

Ce modèle agroalimentaire productiviste apparaît
désarmé face à l'augmentation des températures (auxquelles des variétés standards gourmandes en eau sont
peu adaptées) et l'obligation d'abandonner progressivement les énergies fossiles (dont les longues chaînes
d'approvisionnement dépendent). Il nous conduit
à une impasse en forme de paradoxe : alors que ce
modèle est né d'une volonté de faire face à la pénurie
d'après-guerre et d'assurer la sécurité alimentaire, on
doit constater aujourd'hui que ce système est peu résilient, et nous rend extrêmement vulnérables.

2. Un système alimentaire durable est possible

Ces contradictions sont connues et dénoncées dès
les années 1970 par certains producteurs et consommateurs qui, à défaut d'être écoutés par les pouvoirs
publics, se sont attelés à développer les bases d'un système alimentaire alternatif. Les expériences concrètes,

---

1. Maladies portées par les animaux qui franchissent la barrière
de l'espèce.
2. Shah S. (2020,), «Contre les pandémies, l'écologie», mars,
https://www.monde-diplomatique.fr/2020/03/SHAH/61547.

de terrain, se sont multipliées, aux formes aussi diverses que le commerce équitable, l'agriculture biologique, les circuits courts de proximité.

2.1. Les alternatives à l'agro-industrie existent déjà

Le premier cahier des charges de l'agriculture bio est créé en 1972 par l'association Nature et Progrès : les pesticides de synthèse y sont interdits. À la place des intrants industriels, ces pionniers pratiquent l'agroécologie, ensemble de pratiques culturales qui met à profit « les fonctionnalités offertes par les écosystèmes », voire les « amplifie tout en visant à diminuer les pressions sur l'environnement et à préserver les ressources naturelles ». Ces pratiques sont portées par certains collectifs comme les CIVAM[1].

Le bio n'est toutefois pas un simple cahier technique (contrairement à l'actuel label européen), c'est un projet politique global. L'agriculture biologique et paysanne, défendue notamment par la Confédération paysanne, se veut :

> « une alternative face à une agriculture exportatrice, consommatrice de ressource en énergie et en eau, et destructrice en termes d'environnement et

---

1. Les Centres d'initiatives pour valoriser l'agriculture et le milieu rural sont des groupes d'agriculteurs et de ruraux qui travaillent de manière collective à la transition agroécologique. En 2019, le réseau regroupe 130 associations, qui emploient 250 animateurs-accompagnateurs.

d'emplois. Elle se fonde sur la prise en compte des trois dimensions de la production : sociale, économique et écologique »[1].

La moto-mécanisation à outrance[2], la monoculture, les cultures d'exportation et le travail précaire y sont donc antinomiques.

Les promoteurs de l'agriculture alternative ont également cherché à organiser des circuits de distribution alternatifs : plus courts, avec moins d'intermédiaires et plus localisés. Nées au Japon, les AMAP (Association pour le maintien d'une agriculture paysanne) se sont rapidement développées en France depuis 2001. En 2020, il y a plus de 1 600 AMAP recensées, représentant 66 000 familles et 270 000 consommateurs[3]. Des coopératives de consommateurs, comme celles réunies dans Biocoop, créé en 1986, participent de ce même mouvement. Ce réseau continue d'imposer à ses membres la règle de l'approvisionnement le plus proche, la saisonnalité, l'interdiction des serres chauffées, et une « juste rémunération du producteur »[4].

Le contrôle de l'accès à la terre est également fondamental. Créée en 2006, l'association Terre de liens vise

---

1. Confédération paysanne, « Nos positions », https://www.confederationpaysanne.fr/mc_nos_positions.php?mc=5.
2. Voir sur ce point L'Atelier paysan (2021), *Reprendre la terre aux machines : manifeste pour une autonomie paysanne et alimentaire*, Paris, Seuil.
3. Réseau des Amap Auvergne Rhône-Alpes, https://amap-aura.org/les-amap-en-france-et-dans-le-monde/.
4. Https://www.biocoop.fr/.

à flécher les terres vers des paysans souhaitant s'installer en bio. Certaines communes ont décidé d'accompagner ce mouvement, que ce soit au niveau du débouché (les cantines scolaires bio et locales de Barjac[1]) ou au niveau de l'installation (multiplication des arrêtés antipesticides, maintien de ceinture maraîchère).

2.2. *L'agroécologie est une alternative crédible :*
la majorité de la population y gagnerait

L'agroécologie donne une cohérence d'ensemble au système agroalimentaire alternatif dans lequel s'inscrit l'agriculture paysanne et bio[2]. Un des reproches faits à l'agroécologie est sa moindre productivité : elle ne constituerait pas une alternative crédible, car elle serait incapable de nourrir 9 milliards d'humains.

Ce diagnostic est contredit par les travaux existants, recensés par France Stratégie[3], dont le rapport conclut que « l'agriculture biologique est néanmoins la plus performante d'un point de vue économique et en termes d'exigences environnementales ». Cela n'a rien

1. Https ://france3-regions.francetvinfo.fr/occitanie/gard/nimes/choix-manger-bio-local-cantine-barjac-gard-fait-il-y-10-ans-1202849.html.
2. Voir les travaux de Dufumier M. (2020), *De la terre à l'assiette – 50 questions essentielles sur l'agriculture et l'alimentation*, Paris, Éd. Allary.
3. France Stratégie (2020), « Les performances économiques et environnementales de l'agroécologie », octobre, https://www.strategie.gouv.fr/publications/performances-economiques-environnementales-de-lagroecologie.

de surprenant, car, en utilisant « au maximum la nature comme facteur de production [et] en maintenant ses capacités de renouvellement », les « résultats techniques et économiques peuvent être maintenus ou améliorés tout en améliorant les performances environnementales »[1]. Notons également que, pour les agricultures du Sud, il existe un potientiel énorme de productivité qui permettrait d'augmenter la production agricole[2].

Ensuite le système actuel produit énormément de gaspillage. D'après la FAO, près de 30 à 50 % de la nourriture n'est pas consommée[3]. En réduisant le gaspillage aux différents stades, il est possible de nourrir le monde avec moins de production. Il faut également considérer la question du régime alimentaire qui est une des variables clés de l'équation climatique. L'INCA[4] rappelle que nous surconsommons les sucres simples (+ 25 %) de même que les protéines (+ 45 %), qui sont à 62 % d'origine animale et demandent beaucoup plus

1. Ministère de l'Agriculture et de l'Alimentation (2013), « Qu'est-ce que l'agroécologie ? », https://agriculture.gouv.fr/quest-ce-que-lagro ecologie.
2. En introduisant par exemple de l'élevage et des cultures attelées là où il n'y en a pas, en partageant les terres, en développant des structures de stockage et de transport. Mazoyer M. et Roudart L. (2011), « La Fracture alimentaire et agricole mondiale : état des lieux, causes, perspectives, propositions d'action », in : *Du grain à moudre : Genre, développement rural et alimentation* [en ligne], Genève, Graduate Institute Publications.
3. FAO (2013), « Food wastage footprint ».
4. INCA, « Étude individuelle nationale des consommations alimentaires » (INCA1 en 1998-1999 et INCA2 en 2006-2007).

de surfaces pour être produites[1]. Au total, une agriculture durable est totalement possible, d'autant plus si le gaspillage est réduit ainsi que la surconsommation des protéines d'origine animale[2].

L'alimentation bio est-elle trop chère ?

C'est une autre critique qui revient souvent : le bio serait un luxe réservé aux plus aisés[3]. D'après l'observatoire 2015 de Familles rurales, les écarts de prix bio/conventionnel varient de − 10 à +110 % selon les produits, avec un écart moyen de + 37 %. Une situation problématique pour les 3,5 millions de Français en insécurité alimentaire. Là encore, plusieurs éléments permettent de relativiser les critiques.

Si le conventionnel est si peu cher, c'est d'abord parce qu'il est largement subventionné : les aides de la PAC sont perçues majoritairement par les grosses exploitations qui produisent en conventionnel. De plus, le système agro-industriel externalise également une partie de ses coûts socio-environnementaux sur le reste de la société :

> « En plus du coût actuel de la dépollution de l'eau
> due à l'agriculture intensive, l'obésité et le diabète
> de niveau 2 coûtent 27 milliards d'euros en frais de

1. Exactement 80 % de la surface agricole française. De plus, pour produire 1 kg de viande, il faut 2 à 10 kg de nourriture.
2. Comme le montre le scénario Solagro « Afterres 2050 », https://afterres2050.solagro.org/a-propos/le-projet-afterres-2050/.
3. David C. (2016), « Le bio c'est trop cher, c'est pour les riches » dans *30 idées reçues pour ne pas mourir idiot,* Paris, Le Cavalier bleu.

santé, soit trois fois plus que la somme redistribuée chaque année par la PAC aux agriculteurs français»[1].

Éliminer les écarts de prix entre alimentation bio et conventionnelle est donc possible en transférant les aides publiques vers l'agriculture bio, d'une part, en taxant et réglementant les productions agricoles néfastes pour l'environnement et la santé, d'autre part.

Par ailleurs, un régime alimentaire équilibré avec moins de viande et une préparation dans le cadre domestique à partir de produits bruts (moins chers que les transformés) peut contribuer à réduire les écarts. Combinés à des réseaux de distribution courts, les prix pourraient être réduits grâce à la suppression de nombreux intermédiaires de l'agro-industrie et de la grande distribution.

Il faut ajouter que l'insécurité alimentaire, en France ou ailleurs, ne provient pas des seuls prix alimentaires, mais également de la faiblesse des revenus (14,2 % de la population sont sous le seuil de pauvreté défini à 60 % du revenu médian). Comme l'indique Olivier Schutter, ancien rapporteur spécial des Nations unies pour le droit à l'alimentation: «Notre économie alimentaire *low-cost* basée sur l'écoulement de denrées alimentaires à bas prix est un substitut de fait à des politiques

1. Https://www.lavie.fr/actualite/societe/agriculture-le-pouvoir-des-lobbys-de-la-fourche-a-la-fourchette-7160.php.

sociales plus ambitieuses et plus redistributives »[1]. La réduction des inégalités est donc à considérer.

D'autres avantages : emploi et souveraineté alimentaire

Ce basculement vers une agriculture moins productiviste aurait des effets positifs sur l'emploi. Les destructions d'emplois dans certains secteurs (transformation, intrants) seraient plus que compensées par des créations dans la production agricole. D'après les estimations du Shift Project, l'agriculture durable entraînerait un besoin net de 461 000 emplois à temps plein[2], dont 366 000 en maraîchage. Non seulement les pratiques agroécologiques sont plus intensives en main-d'œuvre, mais une partie de ces résultats provient de la relocalisation d'une partie des productions. Elles vont donc de pair avec l'objectif de souveraineté alimentaire. De plus, ces pratiques redonnent du sens à la profession des agriculteurs frappée par un taux élevé de suicides.

En fin de compte, ce système agroalimentaire alternatif bénéficierait à la majorité de la population : hausses des revenus agricoles, création d'emplois, gains en termes sanitaires et écologiques, sans peser d'une manière importante sur les budgets familiaux. Un tel basculement suppose toutefois une

1. Interview donnée à http://www.altermondes.org le 26 avril 2015.
2. Shift Project (2020), « Vers un plan de transformation de l'économie française en faveur du climat et de la résilience – agriculture et alimentation ».

réorientation complète des politiques publiques, à commencer par les politiques agricoles et commerciales européennes.

2.3. Rendre la politique agricole commune cohérente avec les impératifs sociaux et écologiques

La PAC est l'une des politiques européennes les plus importantes. C'est un tiers du budget européen, une manne de près de 68 milliards d'euros par an dont la France est le premier bénéficiaire, avec 9,5 milliards. La PAC n'est pas compatible avec les objectifs de la transition écologique, tels que définis par le «Green Deal» européen[1]. Les aides du premier pilier soutiennent encore trop l'agriculture productiviste puisque liées aux hectares détenus.

La priorité doit être à la transformation du mode d'allocation des aides. Favoriser une agriculture diversifiée et plus intensive en main-d'œuvre suppose de plafonner les aides par actif. L'adoption de nouvelles pratiques culturales permettrait d'avoir une plus forte conditionnalité environnementale, par exemple l'interdiction progressive des produits phytosanitaires. Les aides à la conversion et les mesures «agroenvironnementales et

1. «The Green Deal and the CAP: policy implications to adapt farming practices and to preserve the EU's natural resources», Rapport pour le Parlement européen, novembre 2020. https://www.europarl.europa.eu/RegData/etudes/ATAG/2020/652230/IPOL_ATA(2020)652230_EN.pdf.

climatiques» doivent être revalorisées pour accélérer le mouvement.

L'encadrement des marchés et des acteurs en présence est également nécessaire pour garantir un prix décent aux producteurs. Il faut éviter la surproduction, mais également la concentration de l'aval, responsable de la perte de pouvoir de négociation des producteurs. Dans cet esprit, les circuits courts, la transformation à la ferme, ou la création de labels de qualité et territorialisés pourraient faire l'objet de plus de soutien au titre du deuxième pilier de la PAC, dédié au développement rural.

Pas de réforme de la PAC sans remise en cause du libre-échange

La politique commerciale de l'Union européenne est assurément un obstacle. L'objectif des traités de libre-échange dits de «nouvelle génération», tels que le CETA et le JETA négociés avec le Canada et le Japon, est d'abaisser les normes sociales, sanitaires et écologiques, considérées comme des obstacles à la libre circulation des biens et services. Ces traités empêcheront les pays européens de renforcer leurs politiques futures en matière de santé, de climat et d'alimentation. En effet, les entreprises multinationales, notamment de l'agro-industrie, pourraient poursuivre les États devant les tribunaux d'arbitrage pour non-respect des traités. Ces traités constituent donc une menace pour la sécurité alimentaire et sanitaire des pays et doivent donc être dénoncés en tant que tels[1].

Vers une sécurité sociale de l'alimentation?

Le mouvement des Gilets jaunes a montré qu'on ne fera pas de l'écologie sans prise en compte de la question sociale. L'accessibilité à une alimentation de qualité ne doit donc pas être négligée. Cependant, plutôt que d'exiger des agriculteurs de produire de moins en moins cher, la réduction des inégalités et l'augmentation des bas revenus sont indispensables.

Une autre piste aujourd'hui en débat serait de faire de l'alimentation un droit social au même titre que la santé et d'en organiser sa prise en charge collective. Différentes organisations se sont regroupées dans une plateforme pour porter ce projet en 2019[2]. Cette sécurité sociale de l'alimentation consisterait en un budget de 150 euros par personne et par mois réservés à l'achat d'aliments conventionnés. Ce budget n'a pas vocation à satisfaire la totalité des dépenses alimentaires, mais à faciliter l'accès des produits bio, frais, de proximité à l'ensemble de la population. Son coût est estimé à

---

1. Collectif Stop Tafta (2017) «L'impact macroéconomique du CETA, et ses conséquences sur le climat, la santé, l'agriculture et l'emploi», septembre, https://www.collectifstoptafta.org/IMG/pdf/impacts_du_ceta.pdf.
2. Sécurité sociale de l'alimentation (2019), «Créons une sécurité sociale de l'alimentation pour enrayer la faim», https://secu-rite-sociale-alimentation.org/. Voir aussi *Reporterre* (2020), https://reporterre.net/Creons-une-securite-sociale-de-l-alimentation-pour-enrayer-la-faim.

120 milliards d'euros, soit moitié moins que l'assurance maladie, et elle pourrait être financée par des cotisations sociales à taux progressif, selon les revenus.

2.4. Les conditions politiques du basculement vers une système agroalimentaire durable

Le puissant lobby agro-industriel : principal obstacle

Ces nécessaires réformes rencontrent aujourd'hui l'opposition vigoureuse des syndicats agricoles majoritaires et de l'industrie agroalimentaire. Au niveau européen, la COPA-Cogeca, fédération des organisations agricoles, tente avec succès de réduire au maximum toute forme de conditionnalité environnementale des aides de la PAC[1]. Sa présidente, Christine Lambert, n'est autre que la présidente du syndicat majoritaire français, la FNSEA. Fin 2017, elle déplorait la position de la France qui ne s'était pas ralliée à la prolongation de l'autorisation du glyphosate au niveau européen (adoptée toutefois par une majorité qualifiée d'États).

Au niveau national, cette prégnance est tout aussi forte, comme l'illustre la tenue des États généraux de l'alimentation au début de quinquennat d'Emmanuel Macron. Dans la loi dite Egalim adoptée dans la foulée en 2018, des mesures aussi « molles » que la mise

1. Https://www.lemonde.fr/economie/article/2020/10/12/le-lobby-agricole-lutte-contre-un-verdissement-de-la-pac_605 5667_3234.html.

en place de l'affichage nutritionnel Nutriscore restent facultatives, tandis que l'interdiction de la publicité pour les produits trop gras, trop sucrés et trop salés a été rejetée conformément aux souhaits des industriels. Côté agriculture, la création d'un label exploitation à haute qualité environnementale (HQE) ne tient pas ses promesses, vu la faiblesse des critères retenus, et ressemble plus à une entreprise de *greenwashing*[1].

La mobilisation des acteurs du changement de système agroalimentaire

La démonstration est faite qu'il existe des alternatives crédibles à ce système devenu nuisible à notre santé, notre environnement et à la majorité des agriculteurs. Mais cette première condition n'est pas suffisante : une deuxième manche politique doit être gagnée.

Les acteurs du mouvement social et citoyen, comme la Confédération paysanne, certains élus locaux, le mouvement altermondialiste, les organisations de consommateurs, ont marqué des points importants pour faire reculer les promoteurs du productivisme agricole. La fermeture de la «Ferme des 1 000 vaches», la préservation des terres agricoles à Notre-Dame-des-Landes sont deux exemples emblématiques. De même, les mobilisations citoyennes contre les traités de libre-échange ont obligé les autorités européennes à revoir

1. Https://www.bastamag.net/Label-Haute-valeur-environne-mentale-HVE-pesticides-glyphosate-vins-confusion-agriculture-biologique-illusion-transition.

certaines clauses inacceptables, notamment celles relatives aux tribunaux d'arbitrage.

La prochaine étape doit être de «massifier» afin de rendre majoritaires les personnes qui ont un intérêt objectif à ce que le système alimentaire change : agriculteurs malmenés par le modèle productiviste-exportateur, chômeurs, victimes de la malbouffe, habitants des collectivités rurales et des périphéries urbaines déshéritées, citoyens prêts à s'engager au nom de l'intérêt général[1].

Un des enjeux est de convaincre nos concitoyens que le budget alimentaire fait partie de leur budget de santé et ne peut être réduit à tout prix. L'éducation jouera un rôle clé dans ce basculement vers une alimentation durable. De ce point de vue, les luttes locales pour l'alimentation dans les cantines scolaires ou le projet de sécurité sociale de l'alimentation sont fondamentales et fédératrices.

---

1. À l'image de la plateforme Pour une autre PAC et de la Convention citoyenne sur le climat.

CHAPITRE 2

Se soigner

FABIENNE ORSI ET BENJAMIN CORIAT

Se soigner : cette question ne nous a jamais autant paru essentielle qu'avec la pandémie. Non seulement parce que autour de nous, quelquefois en nous, le virus et la maladie ont imprimé leurs marques, mais aussi, et surtout, parce que la pandémie de Covid-19 a jeté une lumière crue sur les manques de notre société à soigner justement, à se soigner, à prendre soin de nous-mêmes comme du monde qui nous entoure.

La crise que nous traversons, et dans laquelle nous sommes encore pour longtemps sans doute, est majeure. En ce qu'elle dit de nous, de nos incapacités, de nos manquements, comme en ce qu'elle indique de ce qui doit être fait, des changements de trajectoire, des *bifurcations* dans lesquelles nous devons nous engager.

Aborder la période qui s'ouvre devant nous sous l'angle du soin, comme nous entendons le faire ici, permet d'aller au-delà des idées convenues et d'affirmer ceci : il ne peut y avoir de santé sans soin, c'est-à-dire *sans une relation entre les hommes, un rapport au monde, un souci du monde, autres que ceux qui ont prévalu jusqu'ici.* Dans le champ de la santé aujourd'hui, le soin est quasi systématiquement associé à une simple activité curative qui se trouve par ailleurs trop souvent réduite à un ensemble de pratiques techniques mesurables. Continuer de s'y soumettre, c'est se condamner à se priver des moyens de faire face. Il convient d'opérer une véritable révolution, une reconquête du soin[1]. Dans *Soin et Politique* Fréderic Worms souligne avec force que :

« C'est d'abord nos vies, en effet, que nous mutilons ; si nous réduisons le sens de l'idée de soin, si nous en faisons seulement un secours urgent et en quelque sorte négatif (aussi nécessaire soit-il), sans y voir ce qu'il est aussi (et qui n'est pas moins nécessaire), à savoir une relation entre les hommes, subjective et même créatrice de subjectivité (sans laquelle nous ne serions pas des individus), une relation morale, mais aussi sociale et donc déjà politique, un rapport au monde et même un souci du monde, naturel aussi bien que culturel, écologique aussi bien que politique[2]. »

La manière dont les questions de santé ont été posées depuis des décennies l'a été sur la base et le

---

1. Voir sur ce point Orsi F. (coord.) (2021), *Soigner-Manifeste pour une reconquête de l'hôpital public et du soin*, Caen, C & F Éditions : un ouvrage fruit d'une écriture collective réalisée dans le cadre des Ateliers pour la refondation du service public hospitalier : https://ateliersrefondationhopitalpublic.org/.

2. Worms F. (2012), *Soin et Politique*, Paris, PUF, p. 5.

primat de critères dits «économiques», lors même que «la technique» fétichisée a pris le pas sur tout, et elle nous explose aujourd'hui au visage. Dans ce contexte, le message délivré par la pandémie, ne peut être plus clair : *«prendre soin», «soigner» relèvent avant tout de choix politiques* au sens le plus noble qui soit. Il y va de notre rapport à la cité, à la justice, aux inégalités sociales. Il y va de la dignité de vivre et de mourir, une dignité depuis longtemps perdue dans les tableaux Excel des agences régionales de santé ou de la Cour des comptes.

Pour contrer les effets délétères sur la société tout entière des politiques de courte vue menées jusqu'ici, il convient de renouer et de retisser des liens essentiels rompus par des décennies de politiques publiques ineptes. De quelle manière et comment s'y prendre ? Les réponses à apporter ne sont simples ni à concevoir ni à installer. Mais à écouter tout ce qui nous remonte de la crise actuelle, les voix des patients comme celles des soignants, ou encore celles des familles qui n'ont pu ni accompagner ni enterrer leurs proches morts dans les Ehpad ou dans les hôpitaux, dans l'isolement obligé et décrété, pour qui sait entendre, oui, des solutions existent et un chemin peut être tracé.

Mais auparavant, avant d'en venir à ce qui peut et à ce qui doit être fait, tournons-nous vers ce qui a été défait, vers ce que la crise nous dit de l'état de notre système de santé.

1. À LA LUMIÈRE DU COVID 19 :
CONSTATS DE DÉLIAISONS RÉPÉTÉES

1.1. *L'impréparation*

À force de ne se concentrer que sur l'immédiat, que sur la réparation de ce qui est advenu, occupés qu'étaient nos technocrates à chercher sans cesse de nouvelles économies à faire, ils n'ont rien vu venir ou voulu voir venir, et ce malgré les alertes répétées[1].

Le H1N1, le H5N1, le SARS-CoV-1, ou le chikungunya… n'ont servi à rien ! Nul n'a pris le temps de mesurer, de dire et d'inscrire dans nos pratiques et nos institutions qu'un temps nouveau s'était depuis longtemps établi. Un temps où les dérèglements sont devenus tels que l'épidémie, la pandémie sont désormais inscrites dans nos modes de vie pour s'y installer durablement. Les déforestations de masse, l'extractivisme échevelé à laquelle toutes les grandes multinationales se livrent à travers la planète conduisent à la venue d'un autre temps géologique, celui de l'anthropocène, désormais installé. Et ce temps est, sera, celui des pandémies à répétition[2].

1. Voir Velasquez G. et Syam N. (2021), « Un nouveau traité international de l'OMS sur la préparation et la riposte aux pandémies : pourra-t-il répondre aux besoins des pays du Sud ? », South Centre, n° 83, juillet.

2. Voir le rapport d'avril 2020 de l'IPBES IPBES « Escaping the era of pandemics », 2020, https://ipbes.net.

Ainsi que Coriat B. (2020), *La Pandémie, l'Anthropocène et le Bien commun*, Paris, Les Liens qui libèrent.

Rien pourtant de tout ce qui doit être modifié – et de fond en comble – n'a même seulement commencé à être bougé. Du côté du système de santé, rien, aucune leçon n'a été tirée des épidémies successives, qui se sont déployées et succédé. Notre système de santé reste axé sur la « réparation », les structures de vigilance et de prévoyance, il n'a connu nulle modification sérieuse, et ce en dépit des zoonoses qui se sont succédé, pour ne parler que de cela.

Au mieux, ce fut ce basculement dans les folies de la « biosécurité » pour certains de nos élevages industriels[1], comme si l'essentiel était de préserver des modes de production dont tout indiquait pourtant qu'ils étaient porteurs de menaces et de destructions essentielles, au lieu de s'engager dans une modification de nos pratiques de culture et d'élevage.

On ne tire pas sur les ambulances, certes, mais pour notre propos, même brièvement, quelques faits doivent être rappelés. Et d'abord ce scandale face à la pandémie : pendant longtemps, il n'y pas eu de masques, pas même pour nos personnels soignants, pas même pour les infirmières et les médecins, obligés de bricoler avec des bouts de plastique des protections dérisoires et le plus souvent totalement inopérantes. Face à l'incurie de cette impréparation – en lieu et place de l'humilité

---

1. Voir sur ce point l'ouvrage de Robin M.-M. (2020), *La Fabrique des pandémies. Préserver la biodiversité, un impératif pour la santé planétaire*, Paris, La Découverte.

requise –, nous eûmes droit au pire des mépris, nos gouvernants se succédant pour prononcer sans sourciller mensonges d'État après mensonges d'État. Il n'y a pas de masques parce qu'ils sont inutiles, nous assenat-on, voire, dit la porte-parole du gouvernement, parce qu'il peut être dangereux de les porter[1]!

Tout fut à l'avenant. La stratégie dite «Tester/Tracer/Isoler», répétée sur tous les tons par nos brillants stratèges «en guerre» contre l'épidémie, n'a jamais pu être véritablement installée. Pour l'appliquer, nous n'avions ni tests en quantité suffisante, ni laboratoires d'analyses capables de délivrer des réponses en temps utile, ni moyen véritable de «tracer», ni lieux d'isolement. Bref, longtemps nous n'eûmes droit qu'à un ensemble de slogans claquant dans le vide des politiques effectives, laissant aux seuls acteurs locaux, sans les moyens nécessaires et sans préparation, la responsabilité d'en assumer le déploiement sur les territoires.

Le pire pourtant, beaucoup ne le découvrirent que plus tard et au fur à mesure : l'hôpital, le vaisseau amiral malgré lui de notre système de santé, prenait l'eau de toutes parts et était depuis longtemps à la dérive.

Les personnels de santé mobilisés depuis deux décennies au moins avaient eu beau s'être rassemblés dans des mobilisations répétées pour dénoncer, alerter,

1. Sur les masques, voir notamment l'enquête du *Monde*, «2017-2020 : comment la France a continué à détruire son stock de masques après le début de l'épidémie».

proposer : rien n'y avait fait. Les lois successives s'étaient attachées systématiquement à découdre les liens qui pouvaient permettre que l'hôpital fonctionne, afin qu'il puisse, suivant sa mission, soigner. De ce point de vue, le rideau de fumée qu'a constitué le «Ségur de la Santé», où peu des promesses faites dans le cœur de la crise ont été tenues, est plus qu'une occasion manquée.

1.2. Une dégradation continue des institutions de soin

En pratique, il est vite apparu que, à défaut de véritable politique de santé publique depuis des décennies et du fait de l'impréparation aux pandémies, tout a reposé en «dernier ressort», pourrait-on dire, sur l'hôpital public : celui-ci, sous le poids des pressions multiples et multiformes exercées depuis des lustres, était déjà à bout de souffle bien avant l'émergence de la pandémie[1]. L'hôpital public à qui il était enjoint de réparer les corps, barrière dressée contre la mort, se trouvait, face à la pandémie, largement empêché de prodiguer le soin nécessaire.

Le «confinement», une méthode venue directement du Moyen Âge, a d'abord été dicté par cela : la peur que l'hôpital, faute de lits en nombre suffisant, craque et explose. C'est que, point d'orgue d'une évolution sur laquelle nous allons revenir, la philosophie progressivement imposée à l'hôpital était qu'il adopte une logique

---

1. Juven P.-A., Pierru F., Vincent F. (2019), *Le Casse du siècle. À propos des réformes de l'hôpital public*, Paris, Raisons d'agir.

de flux. *L'hôpital ne devait plus être ce lieu d'hospita-*
lité, où l'on prend soin, mais un lieu de passage, où le
patient ne devait être retenu que le temps le plus court
possible. Priorité absolue à «l'ambulatoire». *Exit* la
relation patient/soignant, l'écoute, le temps passé à
comprendre, à adapter la thérapie au cas particulier.
Exit le soin. Tout était fait pour que *l'hôpital sans hospi-*
talité, centre de tri et de traitement, avant réexpédition,
devienne la norme.

Le tout saisi dans une logique «économique» qui
avait vidé le soin de son sens. La fameuse T2A (tarification à l'activité[1]), devenue le pivot du financement
de l'hôpital, va le faire passer dans un monde dépen-
dant centralement «d'actes» standards, normés et
codés suivant des logiques néo-tayloriennes, qui vont
vite conduire, sous la pression des gestionnaires et des
managers, à une course à l'activité et à ce que certains
actes plus «rentables», car mieux «payés» que d'autres,
soient privilégiés au détriment de ceux que le soin,
s'il avait été mis au centre des choses, aurait exigés[2].

1. La T2A a été progressivement mise en place au début années
2000. Voir Juven P.-A. (2016), *Une santé qui compte? Les outils et les*
tarifs controversés de l'hôpital public, Paris, PUF.
2. Si ces méthodes de «normage» peuvent sans trop de dégâts
s'appliquer à des cas bien particuliers, notamment d'examens
routiniers ou de maladies aiguës mais «simples» nécessitant des
actes chirurgicaux ou traitements standardisés, elles apparaissent
comme complétement inadaptées aux pathologies chroniques ou
aux patients plus complexes (comorbidités nombreuses, personnes
âgées…).

D'autant que cette injonction à la « course » à l'activité quantifiable et normée a très vite mis l'hôpital dans une situation intenable, puisque confronté en même temps à une contrainte budgétaire de plus en plus forte, définie par Bercy sous le nom d'Objectif national des dépenses d'assurance maladie (ONDAM) et votée chaque année par le Parlement dans le cadre de la loi sur le financement de la Sécurité sociale. Tenus en étau d'un côté par la tarification à l'activité et de l'autre par un ONDAM fixé systématiquement en dessous des dépenses et des charges nécessaires pour assurer les soins, les hôpitaux se sont vite trouvés affaiblis par la dette générée, et n'ont plus pu investir.

Outre ce défaut intrinsèque, la T2A va aussi contribuer à accroître la concurrence – déloyale – menée par les établissements privés, particulièrement ceux « à but lucratif », qui vont pouvoir sélectionner les patients et les pathologies les plus rentables, cependant que les hôpitaux publics sont dans l'obligation d'accepter sans discriminations à l'entrée tous les patients au nom du principe d'universalité d'accès au soin.

Parallèlement s'est installé aussi un ensemble de méthodes de gestion directement issues du secteur privé. Pour faire de l'hôpital une entreprise « comme les autres » ont été imposées des techniques codifiées sous le nom de « nouveau management public » (de l'anglais *New Public Management*)[1]. Il s'agit, à l'instar des

---

1. Voir Belorgey N. (2010), *L'Hôpital sous pression*, Paris, La Découverte.

techniques répandues dans les firmes privées, *de pen-ser les services et activités comme «centre de coûts»* sur lesquels une rationalisation des dépenses doit s'exer-cer. Les méthodes du *reporting*, de l'étalonnage et de la recherche des «meilleures pratiques» (de l'anglais *best practices)* ont ainsi été massivement importées dans des domaines et des lieux où elles n'ont rien à faire, alors même que des voix de plus en plus nombreuses critiquaient leurs effets dans les entreprises privées elles-mêmes.

Toutes ces réformes qui se sont additionnées et empi-lées ont abouti à la consolidation et à l'extension dans comme hors de l'hôpital[1] d'une formidable bureaucra-tie de gestion et de contrôle *qui désormais a pris le pas sur les équipes soignantes,* leur dicte leur agenda, leur emploi du temps, et en pratique surplombe leur acti-vité. D'autant plus fortement que domine désormais dans les services une novlangue managériale qui exerce un effet d'exclusion sur ceux qui ne la maîtrisent pas, et de violence symbolique sur des soignants[2].

À cela s'ajoutent des conditions de travail sans cesse plus dégradées, perte de sens et souffrance au travail, alors que se multiplient *burn-out,* arrêts maladie et

1. «Hors de l'hôpital»: sont visées ici à titre principal les ARS (agences régionales de santé), véritable pouvoir administratif exercé dans la région par le ministère de la Santé, et dont les pouvoirs et prérogatives n'ont cessé de croître, privant l'hôpital et ses équipes soignantes du peu de marges de manœuvre qui pouvait leur rester.
2. Voir sur ce point Velut S. (2020), *L'Hôpital, une nouvelle indus-trie-Le langage comme symptôme*, Paris, Gallimard, «Tracts», n° 12.

démissions, cependant que nombre des postes ouverts aux concours ou qui se libèrent ne trouvent plus à être occupés. Manque « d'attractivité » dit la novlangue…

La pandémie a aussi révélé et amplifié les fortes inégalités sociales en santé. Les comorbidités (l'hypertension, l'obésité, le diabète, les troubles cardio-vasculaires…), facteurs de formes graves de la maladie, sont associées à des déterminants sociaux et à des conditions d'accès au système de soin dégradées. Ce qui explique que le Covid-19 a touché plus particulièrement les populations précaires. Ce phénomène dit de « syndémie », c'est-à-dire d'amplification des inégalités sociales liée à l'épidémie, a d'ailleurs été remarquablement bien souligné par Richard Horton dans son désormais fameux éditorial du *Lancet*[1]. De même, l'existence d'inégalités sociales face à l'épidémie de Covid-19 a été mise au jour par plusieurs études, le virus ayant circulé davantage dans les quartiers défavorisés, lesquels ont connu une surmortalité par rapport à la moyenne nationale[2].

Cependant, du terrain, il revient aussi cela : la formidable mobilisation des personnels hospitaliers notamment, saluée par tout un peuple (en France comme dans la plupart des pays du monde) et à qui l'on doit

1. Horton R. (2020), « OffLine : covid 19 is not a pandemic », *The Lancet*, vol. 396, 26 septembre 2020, p. 874.
2. Delpierre C., Vandentorren S., Kelly-Irving M. et Mouly D. (2021), *Actualité et dossier en santé publique*, n° 113, p. 35-38.

un nombre incalculable de vies sauvées et de patients soustraits à la maladie, tout du moins du Covid-19[1]. Ce résultat n'a été le plus souvent possible que par le fait que, dans la crise, la bureaucratie totalement dépassée a dû lâcher prise, accepter de relâcher la contrainte financière, et redonner aux collectifs de soin les moyens et le pouvoir qui n'auraient jamais dû leur être retirés, afin de soigner. Cela tout du moins au cours de la première vague. La réorganisation des équipes, des horaires de travail, les réaffectations de postes, de lits, de salles, les dépassements de fonction…, toute cette gestion de fait qui a bouleversé l'hôpital pendant quelques mois et permis qu'il n'explose pas est un des enseignements majeurs de la pandémie et sur lequel nous nous proposons de revenir dans la deuxième partie de ce chapitre.

2. En revenir au soin

S'extraire de cette situation délétère, ouvrir une autre perspective n'est pourtant pas hors de portée. Des voix multiples, mais souvent convergentes sur l'essentiel,

1. Notons que si l'hôpital a réussi à prendre en charge la plupart des patients Covid nécessitant des soins intensifs, cela s'est fait au prix de l'annulation, puis du ralentissement de la prise en charge des patients atteints d'autres pathologies ou de leur dépistage (cancers, maladies cardiovasculaires, etc.), conduisant plusieurs médecins à alerter sur les conséquences graves en termes de perte de chance de guérison pour ces patients. Certains n'hésitant pas à parler de véritable « bombe à retardement » observable seulement dans les mois, voire les années à venir.

pendant comme après la crise du Covid-19, n'ont cessé de le marteler: il faut faire différemment et les ressources pour cela existent. Depuis des années, nombre d'associations, de collectifs, de patients, de travailleurs des hôpitaux et des centres de soins… n'ont cessé d'alerter. Et de proposer. Si l'on accepte de se tourner vers ces voix, d'écouter ce qu'elles nous disent, oui, un chemin existe.

D'emblée et en préambule, disons-le: c'est à une autre manière de concevoir le soin et la santé dans notre société qu'il convient d'installer dans la fabrique des politiques publiques. Rompons avant toute chose avec l'idéologie de la dépense qu'il faudrait contraindre à tout prix, pour penser enfin la santé non pas comme un coût, mais comme un investissement devant répondre à la demande de soin et à son évolution[1]. De même, nos impôts et notre système de protection sociale ne doivent plus servir de variables d'ajustement à des politiques néolibérales ineptes. Des principes de justice sociale doivent être réintroduits quant à l'usage des impôts et des cotisations sociales. Nous ne pouvons plus accepter que des «aides» ou des «crédits d'impôt» multiples soient versés à des entreprises du CAC 40 pour être reversés en dividendes toujours plus grands à leurs actionnaires. Nous ne pouvons plus accepter que notre

---

1. Voir sur ce point Bras P.-L. (2021), «Comment le Covid transforme le débat sur les dépenses de santé», https://tnova.fr/notes/comment-le-covid-transforme-le-debat-sur-les-depenses-de-sante.

système de protection sociale soit traité comme une vache à lait au bénéfice de l'industrie du médicament ou des laboratoires de biologie médicale[1], alors que pendant ce temps la suppression des lits à l'hôpital se poursuit[2]. Si l'on rompt avec ces pratiques injustifiables, alors s'ouvrent, pour renouer avec le soin, des pistes multiples.

2.1. *Élargir la perspective:*
conjuguer social et environnemental

Si l'on veut prendre la mesure des choses et affronter les défis avec quelque chance de les surmonter, il faut prendre un peu de hauteur. Envisager le panorama à la fois dans sa réalité et dans sa complexité. Et cesser de traiter les choses en silos séparés. De ce point de vue, quelques faits marquants doivent retenir l'attention.

Tout d'abord, la nouvelle pyramide des âges et le vieillissement de la population: à lui seul ce phénomène est lourd d'implications. Ce sont des pratiques de soins différentes, pour des populations très particulières, qu'il faudra assumer et apprendre à prodiguer. Rien ou presque dans notre système sanitaire et

1. Voir notamment l'enquête de Mediapart (2020), «Tests de dépistage: des délais coûteux pour la Sécu, un business florissant pour les fabricants», 7 octobre 2020.
2. Voir sur ce point la conférence de presse du CIH: «En a-t-on vraiment fini avec le dogme de la fermeture des lits?», https://ateliersrefondationhopitalpublic.org/2021/05/12/conference-de-presse-du-cih-en-a-t-on-vraiment-fini-avec-le-dogme-de-la-fermeture-des-lits/.

social ne prépare à cela. À part les Ehpad, certes affaires souvent juteuses pour les grands groupes privés, mais qui, dans leur forme actuelle, que l'offre soit publique ou privée, constituent une solution parfaitement inadaptée aux besoins de nos aînés, car ce ne sont pas les soins, le prendre soin qui sont au cœur de ces institutions, sinon peut-être dans les quelques établissements de luxe, qui ne sont accessibles qu'aux plus riches d'entre nous. Nous devons urgemment remédier à cette situation et ce n'est pas une cinquième branche de la Sécurité sociale dédiée à l'autonomie des personnes âgées et des personnes handicapées qui suffira à y répondre à elle seule. Apprendre à accompagner nos aînés et d'abord le plus longtemps possible en leur domicile même, les entourer du soin nécessaire, et savoir concevoir pour eux des lieux d'hospitalité dignes, supposent un ensemble de manières de faire entièrement distinctes de celles que nous proposons dans des institutions qui, lorsqu'elles existent, ne sont nées que dans l'urgence et l'improvisation.

À cela il faut ajouter le phénomène lié, mais en partie seulement, au précédent d'une très forte croissance relative des maladies dites chroniques et « dégénératives » : troubles cardiaques ou du système respiratoire, cancers, Alzheimer…, toutes ces affections dans lesquelles la relation patient/soignant suppose du temps, de l'attention et du suivi, exigent que se déploie tout ce « prendre soin », au-delà du curatif, pour lequel nous plaidons.

Le plus grave est peut-être que ces changements interviennent, nous l'avons indiqué, dans un âge nouveau, dans lequel, il faut s'y attendre, l'épidémie, la pandémie interviendront non plus de soudains vols de sauterelles, inattendus et imprévisibles, mais comme des vagues ordinaires qui se succéderont et auxquelles sans cesse il faudra se préparer et qu'il faudra apprendre à anticiper. Aussi la veille sanitaire, la vigilance, parents pauvres s'il en est des politiques publiques de santé, ne peuvent rester en l'état. Tout ce qui relève de la « préparation » aux épidémies, aux vols d'oiseaux porteurs de grippes variées contractées aux lisières de la déforestation de masse à laquelle nous soumettons la planète, tout ce qui relève du contrôle du mouvement ou du commerce d'animaux élevés souvent « hors-sol » dans des élevages « biosécurisés », ou se fabrique la résistance aux antibiotiques, tout cela, qu'on ne sait nommer qu'approximativement et qui constitue le nouvel horizon vers lequel il faut tourner le regard, exige un renouvellement profond de nos pratiques[1].

Plus généralement encore, c'est vers l'installation d'une véritable politique de « santé environnementale », qu'il faut se tourner[2]. Non seulement parce que, comme nous venons de le rappeler, nous vivons immergés

1. Sur ce point voir l'étude de Robin M.-M. (2020), *op.cit.*
2. Sous le titre « Santé environnementale : un nouvelle ambition », un récent rapport de la commission des Affaires sociales du Sénat le rappelle avec force. Les plans nationaux de santé environnementale qui tiennent lieu aujourd'hui de politique de santé environnementale sont constitués de mesures en « silos », insuffisamment

dans des écosystèmes partout malmenés, mais aussi parce que cette maltraitance, qui n'est finalement rien d'autre qu'une maltraitance que nous nous imposons à nous-mêmes, ajoute encore des inégalités aux inégalités. Les études sur les perturbateurs endocriniens sont désormais légion et l'impact important de l'exposition aux pesticides sur la santé vient d'être une fois de plus démontré par une récente étude pilotée par l'INSERM[1]. Ce sont d'abord les pauvres et les démunis qui sont atteints par les désordres environnementaux et écologiques, la malnutrition… Les institutions de demain, celles qu'il faut construire, doivent être conçues pour cela aussi. Ne laisser personne en chemin.

2.2. Renouer avec la fonction sociale de l'hôpital

La notion de soin résonne avec celle d'hospitalité en ce qu'elle constitue la strate première de l'échange et donc de la relation de soin, c'est-à-dire l'engagement vers l'altérité dans la relation soignante. Pourtant, à la racine de ce que devrait être l'hôpital, l'hospitalité est ce qui aujourd'hui lui fait le plus cruellement défaut[2]. C'est pourquoi il nous faut remettre l'hospitalité d'abord au cœur de l'hôpital. Si l'hôpital a su faire front

pensées et articulées, non coordonnées et totalement sous-financées. Disponible à l'adresse : www.senat.fr/rap/r20-479/r20-479-syn.df.

1. Expertise collective «Pesticides et santé - Nouvelles données (2021)», synthèse. Https://www.inserm.fr/information-en-sante/expertises-collectives/pesticides-et-sante-nouvelles-donnees-2021.

2. Voir Orsi F. (2021), *Soigner, op.cit.*, p. 97.

face au Covid-19, cela n'a pas été sans qu'il déploie sa capacité redoutable à se fermer de façon abrupte et autoritaire, coupant net la dimension sociale et affective du soin, y compris dans les services pédiatriques ou pédopsychiatriques pourtant exempts de virus. Il faut donc en finir avec l'hôpital forteresse qui protège ses plateaux techniques haut de gamme et qui est organisé comme un simple lieu de passage, où chacun est traité comme un numéro dans un flux qu'il ne faut surtout pas interrompre, car le moindre arrêt en perturberait l'ordonnancement, et où tout est conçu pour que le patient soit d'abord un passant. Bien sûr, nous avons besoin de cette technicité, pour les transplantations d'organes, les opérations à cœur ouvert, et mille autres actes de haute technicité qui sauvent les vies. Et là où ces techniques font défaut, il faut les installer. Mais l'hôpital ne peut se résumer à cela, le soin ne peut se résumer à cela. Les soignants doivent pouvoir renouer avec le soin, sans doute aussi dans leur formation.

> « Nous n'apprenons pas à être soignants. Les internes n'apprennent pas à soigner, à écouter… Pendant nos études, on n'apprend rien du lien aux patients, rien de la souffrance… Nous, soignants, nous retranchons souvent derrière le soin technique, alors qu'il y a un enjeu de pouvoir majeur, celui de pouvoir décider de la vie et de la mort[1]. »

1. Intervention d'un médecin-réanimateur aux Ateliers pour la refondation du service hospitalier, Marseille, 3 et 4 juillet 2021.

Dans le champ des maladies chroniques, comme le diabète, ou encore en psychiatrie, où la relation thérapeutique est au cœur plus qu'ailleurs, tous, soignants et soignés, disent les entraves à soigner de plus en plus grandes.

Prendre soin des personnes, bien sûr, celles qui soignent comme celles qui sont soignées. Mais aussi, et dans le même esprit, convient-il de prendre soin des institutions et des lieux eux-mêmes : des bâtiments vétustes aux bâtiments neufs sans âme et sans accueil, ces lumières blafardes et froides dans les services, les chambres, les halls lugubres… ne doivent plus être le cadre obligé des patients, de leurs proches et des personnes qui y travaillent. Il faut trouver des voies pour concevoir une autre architecture du lieu et son intérieur, par exemple à la façon des habitats participatifs, où l'ensemble des usagers, patients et travailleurs, créent ensemble le lieu de leur séjour et de travail. La nourriture aussi : comment se résoudre à laisser l'acte premier du soin, l'alimentation, aux mains d'industriels peu soucieux de la qualité et de l'environnement ? L'externalisation des activités « hôtelières » réalisée au nom des contraintes budgétaires n'a jamais conduit à de réelles économies pour l'hôpital, mais elle a surtout contribué notamment à faire de l'alimentation un marché juteux pour les grands groupes de restauration collective financés avec de l'argent public chargés de nourrir une population captive, patients et personnels. Introduire le « bien manger » à l'hôpital, abolir les plateaux-repas sous plastique, remettre des cuisines dans les hôpitaux et promouvoir une alimentation saine et locale, est-ce là une demande vraiment exorbitante ?

2.3. Aller vers : *tirer les enseignements de la période Covid*

Ce qu'a mis au jour la pandémie de Covid-19 est l'absolue nécessité de déployer sur les territoires des politiques de santé publique organisées sur le principe *d'aller vers* les populations, cela en organisant le maillage des différents acteurs locaux, qu'ils soient intentionnels, élus et associatifs, et en leur donnant les moyens de travailler dans des conditions pérennes. Cela pourrait alors constituer une voie originale pour construire un *véritable service public local de santé déployé sur les territoires*, au niveau des communes, tout particulièrement là où des populations entières sont livrées à elles-mêmes, là où la République n'est plus. Il s'agit de renverser la logique ascendante et autoritaire venue d'institutions publiques hors-sol pour donner des moyens financiers et des marges de manœuvre importantes aux acteurs de terrain, soutenir leur capacité à s'auto-organiser et déployer leur savoir-faire.

Le principe d'*aller vers* renvoie à l'idée d'«équipes mobiles» et désigne des équipes dédiées pour une fonction et pour un territoire vers des «*populations ciblées*» : patients psychiatriques isolés, populations en situation de précarité, d'exclusion, sans domicile fixe. Il consiste à aller vers les *personnes* en difficulté en lien avec les médecins généralistes, les travailleurs sociaux, l'école, la police, les voisins, etc., pour accueillir et prendre en charge, mais aussi pour *construire avec* ces personnes des possibilités de vie quotidienne[1]. On ne saurait ici trop insister sur le rôle majeur joué par la psychiatrie de secteur dans l'élaboration de ce principe et rappeler la façon dont les différents gouvernements successifs depuis des années se sont appliqués à en détruire les fondements jusqu'à rendre la psychiatrie publique aujourd'hui exsangue. *L'hospitalité comme les pratiques d'aller vers ont été détruites là où justement l'appréhension du soin comme relation à l'autre était la plus prégnante et la plus riche d'enseignement. L'aller vers* et le déployer ne sauraient se faire sans prendre en compte l'histoire de la psychiatrie, sans s'alimenter à son expérience[2].

L'*aller vers* peut et doit s'entendre de façon plurielle et complémentaire. Des expériences multiples en France comme à l'étranger peuvent ici nous servir de guide.

Il peut s'agir de la constitution de collectif de soin allant vers des populations ciblées, dont l'accès au système de soin est empêché. Cela notamment peut prendre la forme du service hospitalier *sortant de ses*

---

1. Voir Orsi F. (2021), *Soigner, op.cit.*
2. Voir notamment Delion P., Alapetite M., Bellahsen M. et Deloche S. (2019), *Éloge de la psychiatrie de secteur*, Paris, Éditions d'une.

murs pour aller vers les populations. C'est le cas rare de certains centres de santé hospitaliers. Il en existe très peu en France. À Marseille, l'espace santé de l'APHM figure parmi ceux-là. Contre vents et marées l'initiative s'est développée, malgré une direction d'hôpital parfois peu encline à se soucier de sortir l'hôpital de ses murs pour promouvoir une médecine générale dans des quartiers populaires. En pratique a été mis en place un centre de santé doté d'une équipe pluriprofessionnelle, conçue et implantée dans les quartiers nord, au cœur des plus déshérités. Constitué d'équipes médico-sociales polyvalentes, enraciné au sein des populations locales dans les quartiers nord de la ville, connaissant leurs modes de vie, ce centre de santé offre un *service de proximité* à la fois varié et de qualité. Il suffit de passer d'une porte à une autre pour consulter après le pédiatre le pneumologue ou le cardiologue… Mieux encore, ces équipes détachées de l'hôpital, et qui en dépendent, y gardent un accès privilégié. Si l'affection ou le trouble constaté sont trop importants pour être traités et pris en charge localement, le centre organise pour le patient son rendez-vous, et le cas échéant sa prise en charge par le service spécialisé concerné de l'hôpital.

D'autres expériences de «médecine communautaire» conduites par des associations ou des coopératives montrent la pluralité des formes que peuvent revêtir ces initiatives.

C'est une tout autre médecine et surtout une tout autre *conception* de la médecine qui se pratiquent là.

Une médecine sociale faite de proximité, d'écoute, d'intelligence des situations dans lesquelles évoluent et vivent les patients, une médecine capable de garder trace et mémoire des parcours de vie et des trajectoires des patients, qui finalement sont aussi les simples « voisins » des soignants, avec lesquels ils partagent dans le quartier, pour partie au moins, une expérience de vie[1].

Des territoires entiers désignés désormais comme des « déserts médicaux » sont à reconquérir, dans des zones rurales, mais aussi dans de grandes villes, où des pans entiers de la population sont abandonnés par les politiques publiques, où la pratique du soin est excessivement dégradée, où même la médecine générale n'y est plus présente. Ceux qui sont encore là et qui s'efforcent de perdurer sont alors souvent les collectifs et associations qui inventent et tissent comme ils le peuvent du maillage et des solidarités grâce à la connaissance fine qu'ils ont des habitants.

Ce sont ces collectifs et ces associations qui souvent inventent aujourd'hui l'*aller vers*. La « période Covid » est à ce titre particulièrement illustrative. Alors que les injonctions gouvernementales à « tester-tracer-isoler » se multipliaient, dans les quartiers pauvres, c'est la nourriture elle-même qui très vite a manqué, alors que les centres de dépistages brillaient par leur absence dans ces quartiers et que « l'isolement » prôné

1. Voir le témoignage d'Anne Galinier dans Orsi F. (2021), *Soigner*, *op.cit.*, p. 32-37.

par la politique publique était impossible lorsque, dans un logement abritant huit ou dix personnes, seul le balcon pouvait faire office de lieu d'isolement… De même, pour les personnes vivant dans la rue, isolées, celles exclues des droits, stigmatisées. Dans toutes ces situations, ce sont des associations avec les personnels de santé encore présents sur le terrain qui sont allées vers les gens, y compris jusque dans leur domicile, pour organiser l'accès aux tests, organiser la prévention, suivre l'accès aux soins (médicaux, nourriture, moyen d'isolements des cas positifs).

Tout cela en met en évidence l'inadaptation radicale des institutions à venir rapidement en soutien aux initiatives de terrain. Sans oublier les élus locaux souvent sans moyens non plus, qui pour la plupart n'ont pu apporter qu'une aide mesurée, saisis qu'ils sont dans l'écheveau des injonctions gouvernementales et de recouvrement des compétences entre collectivités locales. Se décidera-t-on enfin à tirer les enseignements qui doivent l'être de tout ce que l'épidémie a révélé de l'inadéquation de notre système de santé ?

2.4. Rien ne se fera sans redonner vie à la démocratie en santé

Bifurquer : le *prendre soin* que nous appelons de nos vœux ne pourra s'envisager sans que la question de la démocratie en santé soit de nouveau posée et que ses formes d'expression soient réinventées.

Dès lors que l'on se réfère à la démocratie en santé, vient immédiatement le terme de «démocratie sanitaire». Cependant, ce terme fait actuellement l'objet d'un débat controversé, souvent violent. Cela est notamment lié au fait qu'il renvoie à un système aujourd'hui figé, institutionnalisé, et qu'il est devenu un élément de langage, un mot code, des politiques gouvernementales les plus rétrogrades. La locution «démocratie sanitaire» est ainsi devenue une locution souvent aux antipodes du sens même du mot démocratie.

Pour comprendre, rappelons que la naissance de la démocratie sanitaire prend corps dans la rage des premières victimes d'une autre pandémie, celle du sida. Des victimes stigmatisées, confrontées à la peur et au deuil, parias souvent abandonnés par leurs propres familles et livrés à eux-mêmes dans la chambre d'un hôpital par peur de l'inconnu. Une rage qui a été le moteur d'une mobilisation collective dans un geste éminemment politique – *décider d'agir pour ne pas subir* –, une rage qui amené les malades et leurs proches à ouvrir des espaces de solidarité, à créer un rapport de force y compris avec l'industrie du médicament, à s'approprier le savoir médical concernant leur santé, à jeter les bases d'un changement de rapports entre soignants et soignés[1]. De cette rage sont nées certaines pratiques de santé communautaire portées par des communautés «fortes», comme celle des usagers de drogues, des

---

1. Orsi F. (2021), *Se soigner, op.cit.*

personnes transgenres, mais aussi par des communautés de quartiers exclues du système de santé et du soin[1].

De cette révolte est née la fameuse «loi Kouchner» de 2002, relative aux droits des malades, à la qualité du système de santé et au droit à la protection de la santé. Ce moment qui a marqué un tournant a aujourd'hui été dévié de ses intentions premières. La démocratie sanitaire s'est institutionnalisée pour devenir une organisation complexe d'instances diverses et enchevêtrées dans lesquelles sont supposés être représentés des «usagers», le plus souvent sans que jamais d'ailleurs ces instances aient un quelconque pouvoir décisionnel et où les fameux «représentants d'usagers» ne sont pas élus, mais cooptés par l'État ou ses représentants.

La crise du Covid-19 a mis en exergue l'ineffectivité de cette démocratie sanitaire «institutionnalisée». Tout au long de la pandémie, aucune parole de «patient» ou «d'usager» n'a été audible et encore moins prise en considération. Rien n'a été entendu des voix des militants du sida qui pourtant n'ont cessé de rappeler l'impérieuse nécessité de tirer les enseignements de leur lutte et de ses acquis. Rien n'a été fait pour s'en inspirer et aider à la gestion du Covid-19 [2].

---

1. Bourelly M. et Maurel O. (2021), *Une histoire de la lutte contre le sida*, Paris, Nouveau Monde.
2. Voir par exemple l'Avis du CNS du 17 juin 2021 «La lutte contre le VIH/sida: une démarche, des savoirs et des pratiques pour servir aux enjeux du présent». Https://cns.sante.fr/wp-content/uploads/2021/07/2021-06-17_avi_fr_prise_en_charge.pdf.

La démocratie en santé doit donc être inventée à nouveau! Cela y compris dans les hôpitaux où rien ne pourra changer si un autre mode de gouvernance ne vient remplacer l'actuel issu de la loi Hôpital Patient Santé Territoire de 2009, un mode pyramidal et hiérarchique, assis sur un pouvoir quasi absolu donné aux directeurs d'hôpitaux, eux-mêmes étant placés sous l'autorité des agences régionales de santé et sans lien aucun avec la cité, la ville, les acteurs sur le terrain. Certains collectifs de soignants hospitaliers appellent à des «changements de la gouvernance» pour y insuffler «plus de démocratie» et proposent pour cela un renforcement du pouvoir médical et une place plus grande aux usagers[1]. Dans la plupart des cas, cependant, ces propositions s'inscrivent dans le cadre existant de structures toujours autant cloisonnées. Rien n'est dit sur l'impérieuse nécessité de repenser le soin lui-même, et partant sa place et son rôle dans la cité, là où doivent se penser et se construire des pouvoirs effectivement partagés.

C'est que l'accès au soin et la nature du soin prodigué, l'hospitalité et la démocratie sont liés dans une relation intime. C'est autour de ces trois piliers que tout désormais va se jouer.

1. Voir notamment le travail du Collectif Inter-Hôpitaux ainsi que le projet de référendum d'initiative partagée d'ailleurs récemment censuré par le conseil constitutionnel pour des motifs largement discutables: https://www.notrehopital.org/la-proposition-de-loi.

CHAPITRE 3

S'Éduquer

ÉRIC BERR, DAVID FLACHER, HUGO HARARI-KERMADEC
ET SABINA ISSEHNANE

L'éducation doit être vue comme un bien commun global. Si elle est assumée en premier lieu par la famille et le système scolaire, elle est aussi le produit de nos rencontres et de nos expériences de vie. Dans son acception usuelle, elle représente la conduite de la formation des enfants et des adultes, formation dont le cadre est défini par la collectivité qui en assure le financement. Nous verrons dans ce chapitre que le besoin de s'éduquer trouve des justifications différentes et qu'il peut prendre des formes diverses. Nous nous demanderons aussi comment il peut être financé.

1. POURQUOI S'ÉDUQUER ?

L'éducation peut être envisagée selon deux points de vue différents, voire opposés. Elle peut être vue comme le moyen d'accumuler du capital humain (individuel ou collectif) ou comme le moyen d'exercer un droit à l'émancipation.

1.1. Accumuler du capital humain?

Cette approche trouve sa justification dans la théorie du capital humain développée par des économistes néolibéraux, tels Gary Becker, Jacob Mincer ou encore Theodor W. Schultz. Leur démarche consiste à étendre le modèle de l'*Homo œconomicus* rationnel à l'analyse de comportements humains qui ne relèvent pas *a priori* du marché. Il s'agit ainsi de considérer toutes les activités humaines, et notamment l'éducation et le savoir, comme un investissement permettant à chacun d'accumuler un stock de ressources privées, duquel il pourra tirer dans le futur des profits individuels à la fois monétaires – en augmentant ses revenus – et non monétaires – en accroissant son niveau de bien-être[1].

Dans cette perspective, l'élève, et en particulier l'étudiant, construit lui-même son «projet professionnel» et choisit le parcours qui, compte tenu des coûts, lui permettra de maximiser sa situation sur le marché du travail. Il devient ainsi l'auto-entrepreneur de ses études.

Aborder les études sous l'angle de leur seule valeur économique marchande, c'est accepter qu'elles soient subordonnées à des intérêts économiques. C'est donc

---

1. Voir Collectif ACIDES (2015), *Arrêtons les frais! Pour un enseignement supérieur gratuit et émancipateur*, Paris, Raisons d'agir, p. 19-20.

renoncer à ce qu'elles soient un temps à part dans l'existence, un temps de construction d'une conscience citoyenne et d'acquisition d'une culture commune. L'acquisition de connaissances et la construction d'une pensée critique laissent donc place à la recherche de «compétences professionnelles»[1], ce qui passe par la formation d'une main-d'œuvre et de «ressources humaines» dociles. Le savoir n'étant plus considéré comme un bien commun, il est relégué au rang de marchandise et l'étudiant devient un «client» cherchant à valoriser son «capital professionnel».

Cette approche néolibérale des études consacre ainsi le règne de la concurrence. Dès l'enseignement primaire et secondaire, des mécanismes de sélection et de tri s'opèrent, accentués par des stratégies d'évitement scolaire par le détournement de la carte scolaire ou par le passage à l'enseignement privé, financé en grande partie par la dépense publique. Les établissements d'enseignement supérieur cherchent à attirer les meilleurs étudiants, tandis que, de leur côté, les étudiants cherchent la formation qui leur permettra de «maximiser» leur capital humain, donc de valoriser leurs compétences sur le marché du travail. Cette course à l'«excellence» – dont la mesure puérile est le classement de Shanghai[2] – conduit à la hiérarchisation

---

1. Voir Granger C. (2015), *La Destruction de l'université française*, Paris, La Fabrique éditions, p. 72.
2. Voir Harari-Kermadec H. (2019), *Le Classement de Shanghai. L'université uberisée*, Lormont, Le Bord de l'eau.

des universités, mais aussi des grandes écoles, donc à l'instauration d'un système universitaire à plusieurs vitesses.

Cette logique utilitariste n'est pas nouvelle et a déjà été mise en œuvre à partir des années 1980 dans les pays en développement, à l'initiative de la Banque mondiale d'abord, de l'UNESCO et de l'OCDE ensuite, et aborde l'éducation sous l'angle de sa rentabilité. Partant du constat que l'écart entre la rentabilité individuelle (ou privée) et la rentabilité sociale (pour l'ensemble du pays) s'accroît à mesure que le niveau d'études augmente ou que, dit autrement, les sommes investies dans l'enseignement supérieur profiteraient d'abord aux étudiants – et non à la collectivité – en leur offrant, comme l'enseigne la théorie du capital humain, la possibilité d'accroître leurs revenus futurs, la Banque mondiale va justifier ses préconisations au nom du principe suivant : à rendement social, financement public ; à rendement individuel, financement privé. Ainsi, elle va recommander aux pays en développement de concentrer la dépense publique sur l'enseignement primaire et secondaire.

Quant à l'enseignement supérieur, l'accroissement du financement privé est présenté comme un impératif absolu, ce qui suppose de favoriser l'essor de l'enseignement supérieur privé, de développer le financement privé de l'enseignement supérieur public et de mettre à contribution les étudiants eux-mêmes en augmentant significativement les frais d'inscription, donc en développant l'endettement étudiant [1]. En France, la réforme du baccalauréat ainsi que les lois Orientation et réussite des étudiants et Programmation de la recherche s'inscrivent dans une telle approche.

1.2. Exercer un droit à l'émancipation

L'approche utilitariste de l'éducation est très réductrice et repose sur une méritocratie de façade qui permet de masquer l'accroissement des inégalités et la reproduction sociale. La promotion de la logique « méritocratique » marque en fait une véritable rupture dans la mesure où elle s'exonère des résultats d'un demi-siècle de recherches en sociologie de l'éducation montrant que le système éducatif contribue très largement à la reproduction des inégalités sociales et que la méritocratie n'est qu'une illusion véhiculée par les classes dominantes[2].

La promotion de la compétition dans le système éducatif bride l'autonomie et la créativité des enseignants,

1. Voir Berr É. et Moulin L. (2018), « "En marche" vers la destruction de l'université », *Note des Économistes atterrés*, http://atterres. org/sites/default/files/Note%20EA%20Universit%C3%A9_0.pdf. Voir également Harari-Kermadec H. et Moulin L. (2015) « De la mise en concurrence à la mise en marché de l'enseignement supérieur », *Formation emploi*, vol. 132, p. 91-103, et Collectif ACIDES, *Arrêtons les frais!, op. cit.*, p. 17-22.

2. Voir notamment les travaux fondateurs de Bourdieu P. et Passeron J.-C. (1964), *Les Héritiers, les étudiants et la culture*, Paris, Les Éditions de Minuit.

mais aussi celle des élèves et des étudiants. Organisée en vue de l'acquisition de compétences à des fins d'intégration sur le marché du travail, l'éducation, telle qu'elle est aujourd'hui promue, délaisse le goût du savoir désintéressé. Son objectif est de former une main-d'œuvre et de fournir des «ressources humaines» dociles. L'accent est mis sur les taux de réussite, que l'on peut très facilement augmenter tout en abaissant la qualité des formations, et sur l'insertion profession-nelle, qui devient l'objectif ultime de la réussite éduca-tive. Il est pourtant important de rappeler que la mission première de l'enseignement, et en particulier de l'en-seignement supérieur, est de former des citoyens, c'est-à-dire des individus doués d'une réflexion critique et d'un degré d'adaptation les rendant aptes à s'épanouir au sein de la société, ce qui passe, bien sûr, mais pas uniquement, par l'obtention d'un emploi conforme à leurs souhaits.

La méritocratie s'oppose à l'émancipation, tan-dis que l'acquisition de compétences et la compéti-tion s'opposent à l'acquisition des connaissances et au développement de l'esprit critique. Si les partisans d'une éducation utilitariste clament que l'éducation est leur priorité, ils omettent de mentionner que c'est une éducation à deux vitesses qu'ils entendent bâtir: une éducation de qualité pour les enfants des classes aisées, avec quelques places pour certains élèves des classes moyennes et populaires afin de montrer que tout le monde a sa chance; une éducation de masse où l'esprit critique est mis de côté au profit de l'acquisition des compétences uniquement vouées à favoriser l'employabilité. C'est ainsi que les filières sélectives, sous couvert de méritocratie, renforcent la reproduction sociale et freinent l'ascenseur social tout en assurant le promouvoir.

En définitive, la course à l'«excellence» joue contre l'intelligence. L'approche utilitariste fait décidément mauvais ménage avec la production du savoir. Redonner une visée émancipatrice à l'éducation est non seulement favorable à la production et à la diffusion des savoirs, mais aussi un moyen de lutter contre les inégalités sociales et constitue ainsi une source d'émancipation.

2. Comment s'éduquer ?

Les modalités de mise en œuvre d'une éducation à finalité émancipatrice doivent s'adapter à la diversité des besoins. Il s'agit notamment de réduire les inégalités d'accès à l'éducation pour les plus jeunes, mais aussi de les compenser par la formation continue pour les générations précédentes.

2.1. Pour un égal accès à l'éducation

Le système éducatif persiste à effectuer un tri social en reproduisant les inégalités sociales, économiques et culturelles existantes. Aujourd'hui encore, alors que 14 % des jeunes d'une même génération sortent du système éducatif sans diplôme, on trouve parmi eux 27 % d'enfants d'ouvriers, contre seulement 5 % d'enfants de cadres[1]. Plus d'un quart des jeunes résidant dans un quartier prioritaire de la politique de la ville sont sortis du système scolaire sans diplôme en 2013[2]. Certes, les mécanismes de sélection sont plus tardifs qu'autrefois, mais ils continuent à opérer un écrémage progressif, en s'étalant sur un plus grand nombre d'années, et en prenant différentes formes (« décrochage », piétinement par le redoublement, enfermement dans des établissements ségrégués, relégation dans les filières dites « spécialisées », orientation vers l'enseignement professionnel, etc.) :

– L'école élémentaire joue un rôle crucial dans cette reproduction des inégalités sociales, les destins scolaires se déterminant dès le primaire[3].

– Le collège opère lui aussi un travail de division entre les élèves en préparant au *« grand partage »* de fin de troisième. C'est en effet à ce palier d'orientation que sont sélectionnés la plupart des jeunes entre les filières générales du lycée et les filières professionnelles où sont cantonnés une grande partie des élèves issus des classes populaires.

---

1. Enquête Génération 2013 du Céreq.
2. *Ibid.*
3. Brinbaum Y., Hugrée C. & Poullaouec T. (2018), « 50 % à la licence... mais comment ? Les jeunes de familles populaires à l'université en France », *Économie et Statistique*, n° 499, p. 79-105.

– Si les enfants d'employés et d'ouvriers accèdent davantage au baccalauréat, ils sont largement surreprésentés au sein des baccalauréats professionnels. L'ouverture sociale du baccalauréat a constitué une démocratisation en «trompe-l'œil», quand on connaît les différents taux d'accès à l'enseignement supérieur selon le type de baccalauréat (95 % pour les baccalauréats généraux, contre environ 40 % pour les baccalauréats professionnels[1]).

Alors que par le passé la sélection sociale se faisait essentiellement entre ceux qui accédaient au baccalauréat et ceux qui, dès le collège, étaient orientés vers une formation courte, elle intervient désormais au sein même du groupe des bacheliers qui n'ont ni les mêmes possibilités d'accès à l'enseignement supérieur ni les mêmes possibilités de choix entre les filières d'études ni, bien sûr, les mêmes chances de succès. La première des inégalités tient donc, encore et toujours, dans les différences d'orientation et de réussite scolaire qui, de l'école maternelle au lycée, conditionnent les poursuites d'études au-delà du baccalauréat.

Mais à ces inégalités d'accès s'ajoutent celles qui naissent au sein même de l'enseignement supérieur sous la forme de différenciations hiérarchiques entre filières, entre disciplines et entre établissements. Les chances d'accéder à l'enseignement supérieur et encore

1. MESRI-DGESIP/DGRI-SIES.

plus d'en sortir diplômé d'un établissement prestigieux ou d'une formation donnant accès aux postes d'encadrement diffèrent fortement aujourd'hui selon la classe sociale d'origine. Encore aujourd'hui, 79 % des enfants dont les deux parents sont cadres sortent du système éducatif avec un diplôme de l'enseignement supérieur, contre seulement 24 % des enfants d'ouvriers. Ils font en outre des études plus longues (52 % sortent avec au moins un master) et sont particulièrement surreprésentés dans les filières «nobles» de l'enseignement supérieur (près de 65 % d'enfants de cadres et de professions intellectuelles supérieures dans les écoles normales supérieures et près de 70 % à Polytechnique[1]). Alors que 45 % des personnes en emploi sont employés ou ouvriers, leurs enfants restent sous-représentés aussi parmi les titulaires d'un master 2 ou d'un doctorat (7,3 %) et parmi les diplômés des grandes écoles (4,2 %)[2]. Si les enfants issus des classes populaires ne sont plus exclus totalement des études supérieures, les parcours et établissements les plus prestigieux – notamment les grandes écoles – demeurent réservés à une élite sociale.

À ces inégalités socioéconomiques et de capital culturel s'ajoutent d'autres inégalités en fonction du genre et des discriminations raciales. L'orientation joue un rôle clé sur ces deux aspects. L'étude «Trajectoires et origines» (Ined, 2010) montre notamment que

---

1. Observatoire des Inégalités, DEPP MESR.
2. INSEE (enquête Emploi), traitements MENJS-MESRI-DEPP.

les jeunes descendants d'immigrés maghrébins et d'Afrique subsaharienne subissent notamment une «orientation contrariée» vers des filières moins valorisées. Le système scolaire, de par ses pratiques, est en effet source d'un racisme systémique. Concernant les inégalités de genre dans le système scolaire, encore aujourd'hui on assiste à une forte segmentation sexuée des filières, avec 73 % de filles parmi les titulaires d'un CAP ou d'un BEP tertiaire, contre seulement 15 % des titulaires de la spécialité industrielle, selon l'enquête Génération 2013 du Céreq. En outre, les filles sortent plus diplômées que les garçons du système éducatif (49 % des filles sont diplômées de l'enseignement supérieur, contre 39 % des garçons), et pourtant les femmes continuent d'être moins rémunérées dans le système d'emploi et d'occuper davantage d'emplois précaires, et notamment des emplois à temps partiels.

2.2. Se former tout au long de la vie et différemment ?

La formation tout au long de la vie proprement dite fait référence à la formation professionnelle continue, dont l'objectif est de former les salariés, mais également les individus qui recherchent un emploi. Financée majoritairement par les entreprises, son objectif est d'augmenter la productivité des travailleurs et de les rendre plus polyvalents. Elle est censée permettre aux salariés de s'élever dans la hiérarchie ou d'évoluer dans leur emploi. Or, mis à part le compte personnel de formation (CPF), l'aval de l'employeur est nécessaire afin de poursuivre une formation, et malheureusement ce dispositif présente peu d'heures, comparé aux autres dispositifs permettant d'acquérir une réelle formation qualifiante. Elle est souvent avancée comme un moyen de compenser une formation initiale insuffisante, mais loin d'être une «deuxième chance», elle accentue les inégalités existantes au lieu de les diminuer.

En effet, depuis la loi de 1971, le constat reste identique : l'accès à la formation professionnelle reste fortement inégalitaire. Ceux qui ont le plus besoin d'une formation sont aussi ceux qui en bénéficient le moins, notamment les ouvriers et les salariés les moins formés initialement :

– Alors que seuls 15 % des adultes sortis de formation initiale sans diplôme ont suivi au moins une formation professionnelle au cours des douze derniers mois, les deux tiers de ceux qui possèdent un diplôme du supérieur long ont bénéficié d'une formation professionnelle continue.

– Plus le niveau d'études initial est élevé, plus on a de chances de bénéficier d'une formation durant sa vie professionnelle.

– Les profondes disparités entre catégories socio-professionnelles persistent. La qualification du poste occupé détermine les chances d'accès à la formation. Un cadre aura toujours une plus grande probabilité de se former qu'un ouvrier.

Les désavantages s'accumulent: disposer d'une faible formation initiale conduit le plus souvent à un poste à faible niveau de qualification, ce qui induit un moindre accès à une formation professionnelle. Pourtant, l'insécurité de l'emploi touche davantage les salariés les plus fragiles: les pas ou peu diplômés, les moins qualifiés et les seniors. La formation tout au long de la vie doit pouvoir aider les populations les plus vulnérables face au chômage, notamment de longue durée. Pourtant, ceux qui en ont le plus besoin, c'est-à-dire les moins qualifiés et les demandeurs d'emploi, sont aussi ceux qui en bénéficient le moins. La dépense pour la formation professionnelle des demandeurs d'emploi a augmenté en 2016 (+ 20,5 % entre 2015 et 2016) avec le plan «500 000 formations supplémentaires», mais cela n'a pas permis d'égaliser les chances d'accès à la formation professionnelle des demandeurs d'emploi avec les salariés en poste.

Les salariés précaires sont également désavantagés. La nature du contrat de travail influe sur le taux d'accès à la formation professionnelle. La moitié des personnes en emploi ont suivi une formation professionnelle au cours des douze derniers mois, contre seulement un tiers des demandeurs d'emploi et 9 % des inactifs non retraités. Par ailleurs, pour ceux en emploi dans le secteur privé, la taille de l'entreprise joue également sur les chances d'accéder à une formation professionnelle: seul un quart des salariés des petites entreprises ont bénéficié d'une formation, contre près des deux tiers dans les grandes entreprises (500 salariés et plus).

Malgré les différentes réformes qui se sont succédé, l'accès à la formation professionnelle reste donc fortement inégalitaire. Plus largement, elle est vue par les gouvernements successifs comme un moyen d'accéder à un emploi, comme si le problème du chômage ne serait qu'un problème de formation insuffisante ou inadéquate. C'est pourquoi ils ont notamment investi dans l'apprentissage pour les jeunes ; or la forte croissance de l'apprentissage s'est faite principalement via les diplômes du supérieur, qui ont déjà plus de chances d'accéder à un emploi. Faute de créer des emplois, l'arme de la formation professionnelle est souvent citée, mais une formation n'équivaut pas à un emploi. Rappelons-nous cette célèbre tirade du président Macron du 15 septembre 2018 face à un jeune chômeur diplômé d'horticulture :

« Il y a des métiers qui nécessitent des compétences particulières. Quand les gens ne les ont pas, on les forme [...]. Mais après, il y a des tas de métiers. Il faut y aller ! Maintenant, hôtels, cafés, restaurants, je traverse la rue, je vous en trouve ! »

Hors dépenses directes des entreprises, la dépense pour la formation professionnelle s'élève à 26 milliards d'euros en 2017, il est urgent de se poser la question d'un meilleur accès aux formations pour les plus vulnérables, de donner les moyens aux individus d'en disposer par eux-mêmes, de financer des structures publiques ou associatives qui permettent de former également autrement, pas seulement dans une visée d'insertion dans l'emploi, mais aussi dans une logique émancipatrice. Est-il possible de se former autrement? C'est la logique de l'éducation populaire, fruits d'initiatives individuelles ou collectives, mise en œuvre à côté du système national d'enseignement public, et parfois en son sein. Selon le CNAJEP [1], ce sont près de 100 000 associations locales qui y participent, impliquant plus de 10 millions de personnes.

3. COMMENT FINANCER LE BESOIN D'ÉDUCATION?

Le service public éducatif est très fortement sous-financé, c'est l'un des rares points consensuels parmi les économistes de tous bords. Les besoins sont colossaux, comme pour les retraites, ne serait-ce que pour des raisons démographiques: avec l'allongement de la durée des études, le nombre de personnes en éducation augmente. C'est une très bonne nouvelle, notamment parce que les effets de l'éducation sur la société sont décisifs – en termes économiques comme de qualité de vie –, à condition que le financement soit justement supporté et équitablement réparti.

---

1. Comité pour les relations nationales et internationales des associations de jeunesse et d'éducation populaire (Cnajep).

3.1. Comment faire face au sous-financement et à l'inégale répartition des moyens dans le système éducatif ?

Le manque de financement de l'école est particulièrement criant dans le primaire, où la France dépense 20 % de moins que les pays comparables[1]. Pour augmenter les salaires des enseignants du primaire et du secondaire de 300 € par mois, il faudrait 3,2 milliards d'euros annuels selon les chiffrages syndicaux. Dans le supérieur, les besoins sont également considérables, après plus d'une décennie de croissance rapide du nombre d'étudiants (+ 30 000 par an, l'équivalent d'une nouvelle université chaque année) sans que les budgets ne suivent. En euros constants, le budget de l'enseignement supérieur et de la recherche est passé de 12,4 milliards en 2008 à 13,4 milliards en 2018 (+ 8 %), alors que les effectifs étudiants passaient de 2,2 millions à près de 2,7 millions sur la même période (+ 22,7 %). On obtient donc sur la période une chute du financement par étudiant de pratiquement 10 %.

Ce financement est par ailleurs très inégalement réparti : une partie croissante des moyens est attribuée de façon concurrentielle, et ce sont les établissements aux populations étudiantes les plus favorisées qui les remportent. Entre les universités à population étudiante favorisée et celles dont les étudiants sont d'origine populaire, le taux de bacheliers professionnels

---

1. 1,2 % du PIB, contre 1,5 % en moyenne dans les pays de l'OCDE, OCDE, *Regards sur l'éducation*, 2020, p. 298.

passe de 0 % à 3 %, celui des bacheliers technologiques de 4 % à 17 % et la proportion d'enfants d'ouvriers ou d'employés de 6 % à 14 %, celle d'étudiantes passe de 48 % à 56 %. On retrouve des inégalités sociales similaires au sein même des établissements, entre licence et master ou encore selon les disciplines. Selon la Cour des comptes[1], en 2016, le chiffre moyen de la dépense par étudiant est de 10 210 euros à l'Université contre 15 110 euros en classes préparatoires aux grandes écoles, tandis que le coût moyen par étudiant varie de 2 736 euros par étudiant en licence dans le domaine des sciences humaines et sociales à 20 266 euros en DUT sciences du vivant.

Comme nous l'avons vu plus haut, pour les économistes dominants, la réponse à ce manque de moyens dans l'enseignement supérieur passe par la hausse des frais d'inscription, couplée à l'endettement étudiant. En finançant le supérieur par les frais d'inscription, on renforce la logique de rentabilité économique dans l'orientation scolaire, puis au moment de l'insertion professionnelle. On modifie aussi les arbitrages des établissements, en faveur d'une logique commerciale. Enfin, on accroît la polarisation, puisque les établissements les mieux positionnés au départ sont ceux qui parviennent à collecter le plus de frais d'inscription, accroissant encore leur avance. Les frais d'inscription

1. Cour des comptes (2018), «Les droits d'inscription dans l'enseignement supérieur».

ne sont décidément pas un moyen de répondre aux besoins de l'enseignement supérieur.

Pour rééquilibrer les moyens, améliorer les conditions d'étude, mais aussi sortir de la précarité les dizaines de milliers d'enseignants-chercheurs qui assurent une part croissante des cours, souvent payés à l'heure et en dessous du SMIC, il faudrait commencer par augmenter de 5 000 € par an et par étudiant la subvention publique moyenne en licence pour l'aligner sur le niveau des classes préparatoires. Au niveau national, il faudrait alors augmenter de 5 milliards la subvention publique des universités. C'est ce que propose le collectif d'universitaires ACIDES[1], dans le cadre d'un financement par répartition de l'enseignement supérieur.

3.2. Sortir d'un système déjà largement marchandisé ?

Le privé est déjà largement présent dans l'enseignement en France. Les établissements privés scolarisent 17 % des élèves du primaire et du secondaire. Ils fonctionnent largement sur fonds publics : l'État leur verse 8,5 milliards d'euros annuels, auxquels il faut ajouter 3,3 milliards versés par les collectivités territoriales[2]. L'extension de la scolarisation obligatoire à partir de trois ans décidée par Emmanuel Macron, dans un contexte où la quasi-totalité des parents scolarisaient

---

1. Collectif ACIDES (2015), *op. cit.*
2. Ministère de l'éducation (2020), *Repères et références statistiques*, p. 331.

déjà leur enfant à cet âge, a conduit à l'obligation pour les municipalités de financer les structures privées, à hauteur de 150 millions par an. Une mesure plus émancipatrice en faveur d'une plus grande justice sociale et de plus d'égalité femmes-hommes aurait été de mettre en place un financement massif de crèches publiques pour permettre à toutes et à tous d'accéder à un mode de garde collectif pour son enfant de moins de 3 ans. Dans 9 cas sur 10, la crèche constitue le premier choix pour les parents, mais les enfants ne sont que 23 % à pouvoir y accéder.

Dans le supérieur, le privé est réduit, mais en forte croissance, avec une multiplication des écoles délivrant pour certaines des formations à la reconnaissance fragile. Ce qui ne les empêche pas de demander des frais d'inscription de plusieurs milliers d'euros aux 400 000 étudiants inscrits. Les écoles privées à but lucratif compteraient 70 000 inscrits[1], dégageant une rentabilité de plus de 8 %. Mais l'essentiel de la dynamique de marchandisation a lieu dans le secteur public.

En France, la hausse progressive et dispersée des frais d'inscription fait son chemin. Or, pour s'éduquer autrement que dans une logique utilitariste, pour envisager l'éducation comme un moyen d'émancipation, il faut qu'elle soit un service public gratuit. L'éducation n'a pas vocation à dégager des profits, mais à former

1. Casta A. (2015), « L'enseignement à but lucratif en France à l'aune des porosités public/privé: un état des lieux », *Formation emploi*, n° 132, p. 71-90.

des esprits critiques autonomes dans un souci d'égalité réelle d'accès entre citoyens, et ce sur l'ensemble du territoire. La gratuité apparaît elle aussi fondamentale, car l'absence de gratuité est une source d'iniquités et donc de discriminations, à plusieurs niveaux.

Les frais d'inscription favorisent une polarisation entre établissements les mieux dotés – capables d'attirer des populations aisées et solvables – et les établissements moins bien dotés.

Dans le supérieur, les établissements riches – les grandes écoles, l'université Paris-Dauphine, Sciences Po – se retrouvent être des lieux de formation d'une élite dans un contexte financier relativement propice à la reproduction sociale. Les frais d'inscription, même différenciés en fonction du revenu, ne sont jamais réellement progressifs et ne permettent aucun rééquilibrage national des moyens. L'impôt national est, de ce point de vue, le seul moyen de financer de manière (potentiellement) équitable, notre système éducatif.

L'argument est souvent avancé que la hausse des frais d'inscription correspondrait à des moyens supplémentaires que l'État ne serait plus en mesure d'accorder. C'est faux ! Nous constatons dans de nombreux pays que la hausse du prix des études s'accompagne – de manière plus ou moins décalée – d'une baisse des dotations publiques aux établissements. Il ne s'agit donc que de vases communicants pour les établissements. En Angleterre, avec la hausse des frais d'inscription, le gouvernement britannique a ainsi réduit de 80 % la subvention publique pour l'enseignement supérieur. Et c'est sans compter sur un ensemble d'effets pervers : les établissements, en quête d'étudiants solvables et aisés, s'engagent alors dans des dépenses de marketing ou d'infrastructures bien loin des dépenses nécessaires à l'activité pédagogique. Pour l'étudiant, en revanche, c'est une barrière à l'entrée aux études ou bien la voie pavée vers un endettement aux conséquences durables. Le poids revient alors sur les familles, à travers l'endettement. Or c'est bien en faveur de cette perspective que le très néolibéral Institut Montaigne plaide en faveur de la mise en place de prêts à remboursement conditionnel (PARC)[1] : inspirés du modèle australien et répliqués en Angleterre, ces prêts étudiants – qui doivent être remboursés une fois l'étudiant en emploi et ayant dépassé un certain seuil de revenu – conduisent à un taux de défaut des diplômés surendettés et des frais financiers qui finissent par coûter plus cher que le système précédent de financement direct des universités[2]. Au final, ce système dégage surtout des moyens… pour le système financier.

Un étudiant endetté sera moins enclin à choisir la voie professionnelle qui lui plaît pour privilégier les métiers plus rémunérateurs. Plus docile et moins revendicatif, c'est donc avant tout un travailleur doté

---

1. Institut Montaigne (2021), «Enseignement supérieur et recherche : il est temps d'agir !», rapport, avril.
2. «Higher Education funding in England : past, present and options for the future, Institute for fiscal studies», (2017).

de capital humain que produit un système payant, au détriment de l'émancipation et de l'esprit critique.

Pour l'enfant d'ouvriers, la perspective de devoir s'endetter sera souvent rédhibitoire, alors que l'enfant de cadres pourra envisager son avenir plus sereinement, à travers des études prises en charge par ses parents. En outre, le milieu social prime toujours dans la perception des débouchés professionnels : comment un enfant d'ouvriers brillant peut-il se projeter dans le système des grandes écoles ? Et même en cas de trajectoire scolaire brillante, aura-t-il le réseau social adéquat pour valoriser économiquement son diplôme ?

Or, les dangers d'une généralisation de frais d'inscription élevés à tous les étudiants sont bien réels, en premier lieu dans l'enseignement supérieur. C'est ainsi la stratégie des petits pas qui a été adoptée par les gouvernements successifs, dans l'esprit de ce que préconisait le rapport Aghion-Cohen (2004) remis au Premier ministre de l'époque : « Pour éviter de se heurter à un front de résistance interne et externe qui conduirait à l'échec, la réforme doit être menée pas à pas, sans proclamations trop tonitruantes ». Il s'agit donc d'alterner hausses des frais d'inscription, focalisées sur certaines populations, et des phases d'harmonisation au nom de l'équité entre étudiants. Des expérimentations ont permis d'ouvrir le bal, comme à Sciences Po, premier établissement à mettre en œuvre cette politique en augmentant légèrement ses frais d'inscription en

2004, puis successivement année après année jusqu'à 18 000 euros par an en 2021.

Cette dynamique s'est élargie progressivement, notamment aux grandes écoles d'ingénieurs publiques. Le «Bachelor» de Polytechnique se vend entre 13 000 et 15 000 euros par an. L'université Paris-Dauphine a été, elle, la première université à augmenter ses frais, grâce à son statut de grand établissement en reprenant la stratégie des petits pas au sein même de l'établissement pour atteindre aujourd'hui jusqu'à 2 280 euros en licence et 6 630 euros en master.

Les universités qui ne bénéficient pas de la même exception que Dauphine mettent en place deux stratégies principales pour procéder à l'augmentation des frais d'inscription. La première consiste à s'appuyer sur des «diplômes d'université» non soumis au barème national. La seconde repose sur le changement du statut d'une formation qui est qualifiée «d'internationale». On observe également une multiplication des demandes du statut de «grand établissement», qui permet de déroger aux limitations sur les frais d'inscription, ainsi que des autorisations pour accorder le grade national de licence pour des diplômes payants («Bachelor»).

À l'initiative du groupe des Écoles des mines en 2013, les écoles d'ingénieurs ont, les premières, introduit une «différenciation» des frais en fonction de la nationalité, les étrangers non européens payant souvent le double des frais demandés aux Européens (4 150 € à Télécom ParisTech, contre 2 650 € pour les Français et Européens, 5 900 € à CentraleSupélec, contre 3 500 €, 15 600 € à Polytechnique, contre 12 500 €). Dans le cadre du plan gouvernemental « Bienvenue en France », ce sont les étrangers non communautaires qui sont visés à l'échelle nationale, au motif qu'ils bénéficieraient du système sans en payer le prix. Pourtant, une étude commandée par Campus France en 2014 souligne que ces étrangers rapportent davantage (4,65 milliards) qu'ils nous coûtent (3 milliards au maximum). De surcroît, nombre d'entre eux resteront et paieront des impôts en France, sans que nous n'ayons eu à supporter l'ensemble du coût de leur scolarité. L'argument du passager clandestin ne tient pas.

Cette logique des petits pas – provisoirement freinée par le Covid – s'inscrit dans une démarche théorisée par différents *think tanks* et conseillers politiques, à l'image de ce qu'une note interne produite par un conseiller d'Emmanuel Macron révèle[1]. Les frais d'inscription constituent le « nerf de la guerre » et les objectifs sont ambitieux : entre 4 000 et 8 000 euros en licence, 10 000 euros en master, jusqu'à 20 000 euros en grande école. D'autant que ces frais permettent de rendre les étudiants beaucoup plus dociles et

---

1. Note intitulée « Réformes souhaitables de l'enseignement supérieur français et éléments d'une stratégie de changement », publiée dans le cadre des « MacronLeaks », datée du 16 novembre 2016, rédigée par Robert Gary-Bobo.

beaucoup moins revendicatifs sur le marché du travail.

Face à cette tendance lourde, un espoir éphémère a été offert par le Conseil constitutionnel qui a rendu, le 11 octobre 2019, un jugement affirmant le caractère constitutionnel de la gratuité de l'éducation, y compris dans l'enseignement supérieur public. Néanmoins, cette instance suprême a aussi offert les moyens au Conseil d'État de s'engouffrer dans une brèche : en autorisant le prélèvement de frais « modiques » sur les étudiants sans préciser ce que « modiques » signifiait, le Conseil d'État a, de fait, tranquillement validé les frais pourtant exorbitants d'un certain nombre d'établissements publics. Face à la tendance lourde d'une marchandisation de l'éducation, seule une réaction populaire forte pourra inverser la vapeur, car c'est sans conteste d'une éducation gratuite dont les citoyens ont besoin.

3.3. Une allocation universelle d'autonomie pour les étudiants ?

D'après l'enquête 2020 de l'Observatoire de la vie étudiante, 40 % des étudiants exercent une activité rémunérée pendant l'année universitaire, dont seulement 7 % a un lien direct avec les études. 32 % des étudiants ont une activité qui se révèle être fortement concurrente avec leurs études et donc pénalisante. Pour plus de la moitié d'entre eux, cette rémunération leur est indispensable pour vivre. Pour deux tiers des étudiants, elle est aussi le moyen de leur indépendance à l'égard du milieu familial. Deux tiers n'habitent plus chez leurs parents et doivent s'acquitter d'un loyer.

Pour éviter que cette situation n'aggrave les inégalités d'accès à l'éducation, ne contraigne les choix d'études ou ne handicape les étudiants issus de milieux populaires, il pourrait être mis en place une allocation universelle d'autonomie accordée à tous les étudiants. Cette allocation pourrait couvrir l'ensemble des études, prévoir un droit à l'erreur (en cas de réorientation) et inclure quelques garde-fous pour éviter son détournement.

Comme le réclament certains syndicats étudiants depuis longtemps, il s'agirait ainsi de permettre aux jeunes générations de choisir leurs études indépendamment de contraintes financières ou familiales et de pouvoir s'y consacrer pleinement. En partant sur un financement à hauteur de 600 euros par mois pour les étudiants logés par leur famille et de 1 000 euros par mois pour les autres, le coût de la mesure serait de l'ordre de 20 milliards d'euros par an, finançable, par exemple à travers 3 points supplémentaires de cotisations au sein de la branche famille de la Sécurité sociale. L'effort serait de fait limité, car réparti sur l'ensemble de la population active, alors même que l'allocation soulagera la population active dont les enfants seront en cours d'études supérieures.

Ce choix de société n'aurait rien d'exceptionnel au regard des choix qui ont donné naissance à la
Sécurité sociale au sortir de la guerre, d'autant plus
que les moyens à disposition à l'époque étaient fortement moindres. Ce nouveau «pilier» de la Sécurité
sociale constituerait une opportunité pour renforcer les logiques de solidarités intergénérationnelles: à
l'image des retraites par répartition qui font reposer le
paiement des pensions par les actifs (la génération des
actifs paie pour la génération de leurs parents retraités,
autrement dit les anciens actifs), c'est une «éducation
par répartition» que nous pourrions ainsi proposer de
mettre en place. La génération des actifs paierait ainsi,
de manière solidaire, pour celle des futurs actifs.

CHAPITRE 4

Faire culture

PHILIPPE ASKENAZY

« L'exception culturelle n'est pas l'exception sanitaire », clamait Jean Castex le 15 décembre 2020. Et pourtant, déjà classée « non essentielle » lors du premier confinement, la culture – entendue comme la production de services et biens culturels – est bien depuis la fin du deuxième confinement une exception sanitaire. Musées, théâtres, cinémas, etc., fermés, jusqu'aux carnavals annulés, et dans le même temps, des foules ont pu au moins jusqu'en mars 2021, sur tout le territoire s'entasser dans les temples de la consommation. N'ont essentiellement subsisté comme lieux culturels physiques que les jardins patrimoniaux, les lieux de culte et les galeries d'art aux titres, respectivement du besoin de prendre l'air, du besoin de pratiquer sa religion et du besoin de consommer. Pourtant, la forte augmentation de leur fréquentation par des populations résidentes n'est pas le signe d'une ferveur religieuse ou consommatrice accrue, mais bien d'une recherche d'expériences esthétiques dans des lieux collectifs. Chez soi, cette quête d'esthétisme et de distraction s'est exprimée par déport sur le livre qui a résisté en 2020, et surtout l'offre numérique, des plateformes audiovisuelles aux jeux vidéo.

La culture n'est pas seulement un *besoin* individuel et social : elle joue un rôle économique majeur à différentes échelles géographiques, tout en bénéficiant d'importantes subventions directes et indirectes. Maintenant que la priorité immédiate de réouverture des lieux de culture s'est réalisée, interroger les modèles productifs de la culture en France aujourd'hui ne peut être éludé : peut-on les rendre plus sociaux et parfois plus écologiques et pour une part d'entre eux moins exclusifs ?

La grande diversité de la culture entre arts, industries et patrimoines appellerait une analyse modèle par modèle. Ce court chapitre prend une posture inverse en essayant de tracer quelques pistes transversales. La seconde section y sera consacrée. Avant, une première section reviendra rapidement sur les apports de la culture, sur le secteur culturel, ses mutations et ses dérives.

1. Apports et mutations de la culture

La culture ou l'art comme besoin est une vaste question philosophique qui d'ailleurs inspire régulièrement des sujets du baccalauréat : Avons-nous besoin d'art ?

Une société peut-elle se passer de l'art?... Si la philosophie ne tranche pas, la Déclaration universelle des droits de l'homme pose la participation et l'accès à la culture comme des libertés fondamentales dans son article 27: «Toute personne a le droit de prendre part librement à la vie culturelle de la communauté, de jouir des arts et de participer au progrès scientifique et aux bienfaits qui en résultent». Elle met ainsi sur le même plan art/culture et progrès scientifique comme porteurs de bienfaits. Ces derniers sont tant individuels – forger son identité, apprendre, nourrir sa créativité, se divertir, s'inscrire dans une communauté... – que sociaux, comme entretenir la cohésion sociale locale autour d'un patrimoine ou d'évènements communs.

1.1. Des pratiques culturelles dans toutes les catégories sociales

Sur le plan économique, la culture génère un secteur économique propre important dont les externalités positives sont massives[1]. L'offre culturelle est une aménité qui nourrit l'attractivité économique d'une région. Elle permet de fixer des résidents en améliorant tant le cadre de vie que les interactions sociales. Festivals, galeries d'artistes ou encore musées jouent naturellement un rôle moteur pour le tourisme (transports,

1. Pour une analyse systématique, Seaman B. (2020), «Economic impact of the arts» dans *Handbook of Cultural Economics*, 3rd edition, Edward Elgar Publishing.

hôtellerie, restauration…) tant individuel que d'affaires. L'Organisation mondiale du tourisme évalue que le tourisme culturel «intentionnel» (avant Covid) pesait à lui seul 40 % des flux internationaux, auquel s'ajoutent les segments de tourisme culturel «occasionnel», «de passage» ou «fortuit». De multiples secteurs, de la mode à la construction, s'inspirent de la culture. De manière plus intangible, la création culturelle, l'imprégnation culturelle des travailleurs participent de la capacité globale d'innovation d'une économie.

Car la pratique culturelle est loin d'être le fait d'une élite. Les enquêtes sur les pratiques du ministère de la Culture en offrent un large panorama sur près d'un demi-siècle[1]. Si les évolutions ne sont pas homogènes d'une pratique à une autre, ces enquêtes soulignent globalement un développement et une diversification des pratiques culturelles dans toutes les classes d'âge, catégories sociales et niveaux de diplôme. Ils sont plus marqués dans les zones rurales réalisant un net rattrapage des grandes agglomérations, y compris pour le spectacle vivant.

En 2018, plus de 90 % des Français continuent à regarder la télévision, 80 % à écouter la radio ; l'écoute autonome de la musique avec l'émergence de l'offre numérique a connu un développement spectaculaire, avec 57 % des plus de 15 ans qui la pratiquent tous les jours ou presque ; chez les moins de 35 ans, le

---

1. Lombardo P. et Wolff L. (2020), *Cinquante ans de pratiques culturelles en France*, Collection Culture études.

visionnage de vidéo se généralise, alors que jouer aux jeux vidéo attire plus de 40 % de la population, débordant largement de cette classe d'âge. Cela ne nuit pas au cinéma qui, avant la crise sanitaire, accueillait dans l'année près des deux tiers des Français. Ni d'ailleurs au spectacle vivant, plus de 40 % d'entre eux ayant assisté à un spectacle en 2018, tiré par les représentations théâtrales (21 % en 2018, contre seulement 10 % en 1981). Tout aussi net, 19 % ont assisté à un festival (vivant, photos, etc.) en 2018, contre 7 % au moment de l'élection de François Mitterrand. Si une augmentation de l'offre joue dans ces dynamiques, ce levier n'est pas toujours suffisant pour assurer le développement d'une pratique.

Ainsi, malgré des publications toujours plus abondantes, livres et bandes dessinées font face à une désertion progressive de génération en génération, même si la proportion de lecteurs assidus (20 livres au plus dans l'année) est stable. Seuls 62 % des plus de 15 ans ont lu au moins un livre (hors BD) en 2018 et 20 % une bande dessinée. Le très grand succès récent des mangas en France pourrait renverser cette tendance. Les premiers constats des expérimentations du *pass Culture* pour les jeunes suggèrent que près des trois quarts de la dotation ont été utilisés pour des achats d'ouvrages en librairie physique ou sur des sites marchands, toutefois dans une période où l'offre culturelle était bridée par les contraintes sanitaires. Désormais généralisé (200 euros avant 18 ans, 300 à la majorité), il solvabilisera la demande marchande d'une part importante des plus jeunes. Mais est-ce que cet outil leur permettra d'étendre la gamme de leurs pratiques culturelles ?

En effet, pour le livre comme pour le spectacle vivant et même le cinéma, les gradients sociaux – diplôme, catégorie sociale – demeurent marqués quel que soit l'âge. Selon les travaux de la Direction des études et de la prospective du ministère de la Culture, ils s'accentuent même pour la fréquentation des musées, monuments et expositions.

Trois voies peuvent être prises face à ces gradients sociaux. La première est de considérer que, puisqu'il n'y a pas de hiérarchie entre pratiques culturelles, il importe peu que les catégories sociales diffèrent dans leurs pratiques. Une deuxième est de considérer livre, spectacle vivant, patrimoine comme des pratiques élitaires ; les «démocratiser» passerait par une éducation à la culture, notamment à l'école qui n'aurait pas encore, après plus de trois décennies, permis de sensibiliser les classes populaires. Mais alors, dans ces deux approches, comment expliquer que la pratique amateur des arts (musique, chant, écriture, arts graphiques, photographie, arts du spectacle…) présente des gradients sociaux bien moins marqués ? La troisième approche, que nous retiendrons, décale de l'individu aux modèles productifs en interrogeant pour certains leur caractère exclusif qui limiterait la possibilité d'une jouissance par tous de tous les arts.

1.2. Les productions culturelles en interaction et marchandisation

Outre les personnes physiques, la production culturelle répond à des besoins d'entreprises et d'administrations: communication interne comme externe, publicité, etc. D'ailleurs, conventionnellement pour Eurostat, agences de publicité et architecture sont considérées comme des branches culturelles à côté des arts visuels, du spectacle vivant, du livre, de la formation artistique, et du patrimoine. Dans ce cadre, avant la crise sanitaire, l'ensemble des activités culturelles pèserait en France environ 2,3 % du PIB, près de 700 000 emplois, en progression d'environ 10 % en une décennie, soit trois fois plus que le reste de l'économie.

En apparence, chaque segment culturel a son propre modèle productif, industriel, artisanal ou administratif. Toutefois, ils sont tous en profondes interactions et forment ainsi un tout. La création dans un segment va impacter un autre. Des livres sont tirées des productions audiovisuelles et inversement. Les publicités reprennent des canons des arts visuels, quand ces derniers peuvent détourner les premières. Les professionnels du spectacle, comédiens, metteurs en scène, techniciens circulent du spectacle vivant à l'audiovisuel. Des entreprises interviennent sur plusieurs segments quand État et collectivités déploient leur politique culturelle les englobant dans un même ministère ou des mêmes directions locales dédiées. La culture dans son ensemble est en outre fortement impactée par les mutations du capitalisme. Elle est enfin un laboratoire des politiques néolibérales.

Le numérique entraîne des conséquences fractales non seulement sur les pratiques, comme nous l'avons vu, mais aussi sur la création, la production et la restitution des œuvres comme technologie d'usage général. Des artisans d'art, des artistes y trouvent un relais de notoriété de leur œuvre et de nouveaux clients. Mais la mécanique dominante est celle des effets réseaux qui génèrent la constitution de monopoles nationaux et plus encore globaux, pour certains cumulant leur emprise sur la création et la diffusion. Ils prospèrent en l'absence de régulation alors que, *a contrario*, l'exemple de la politique française du prix unique du livre illustre que des acteurs indépendants peuvent survivre à cette vague.

Pour l'instant, la création n'en souffre pas quantitativement ; le contrôle systémique sur les contenus par les producteurs et les diffuseurs ne semble pas se renforcer. En revanche, le pouvoir de marché grandissant des géants du numérique leur permet d'accaparer la valeur au détriment à la fois des citoyens et des travailleurs du secteur culturel. Leur recherche de valeur transforme la culture de *communs* en une appropriation à travers un usage intensif et extensif de la propriété intellectuelle. Cette valeur est ensuite transférée vers quelques paradis fiscaux – ce qui implique une probable forte sous-estimation du poids économique du secteur culturel en

France. Ce mouvement participe d'une financiarisation de la culture dont un autre pan s'impose : les œuvres d'art devenues des actifs financiers soumis à la spéculation de marchés mondialisés.

Financiarisation et mondialisation viennent également exacerber le caractère événementiel de la culture. Cette tendance se retrouve au niveau local, notamment sous la forme d'une *festivalisation* tant intensive (festivals, foires de plus grande taille) qu'extensive (plus de zones urbaines comme rurales accueillant des évènements) qui génère des déplacements importants de spectateurs, mais aussi un ballet éphémère de travailleurs et de matériel au coût carbone croissant.

L'*artisation* est un autre processus structurant. Il procède en apparence d'une reconnaissance de pratiques et productions «populaires» anciennes ou émergentes. La BD est ainsi devenue le 9ᵉ art, le cirque les arts du cirque ; les danses et musiques dites actuelles sont intégrées à des cursus publics… L'artisation a son revers. Devenus arts, l'Académie devient légitime pour les formater, en contrôler des financements publics. Ainsi cernés, un art artisanal peut être industrialisé, et des communs culturels ne peuvent échapper au pillage capitaliste, via là aussi l'arme de la propriété intellectuelle.

On retrouve la même logique de marchandisation avec les *tiers lieux*. Aussi qualifiés de lieux alternatifs, ils sont nés dans les années 1960 d'initiatives souvent utopistes d'artistes et militants occupant des friches pour y développer un art libéré tout en nouant des liens avec les habitants. Depuis le début du siècle, collectivités et État ont déployé une politique de normalisation de ces lieux en attirant ses acteurs dans les filets d'une label-lisation qui ouvre certes des subventions, mais impose souvent l'adjonction d'espaces de co-working, de fab lab ou d'accueil de start-up.

1.3. La question de l'emploi, la précarité et les financements

En synergie avec ces mutations productives, le sec-teur culturel est le théâtre des politiques néolibérales de l'emploi et du travail. Si les travailleurs dans les arts visuels ont toujours été majoritairement indé-pendants, le statut d'autoentrepreneur a porté cette proportion à 80 %. Ce statut déborde par ailleurs large-ment sur d'autres segments, notamment la formation des amateurs. L'usage de professionnels du spectacle auto-entrepreneurs émerge également malgré la pré-somption de salariat pour ces professionnels établie en 1969.

Cette dernière tendance vient contrebalancer une lente progression du poids des CDI. Si on se base sur les derniers chiffres d'Audiens – qui assure la protec-tion sociale des salariés de l'audiovisuel et du spectacle vivant –, les trois quarts des 400 000 salariés avant le Covid étaient cependant en CDD[1].

1. L'enquête emploi donne pour les branches audiovisuel et spec-tacle vivant environ 200 000 salariés avant la pandémie. Les données

Les CDD sont pour l'essentiel des CDD d'usage, c'est-à-dire que l'employeur n'est pas tenu à verser de prime de précarité et peut réembaucher, pour un même emploi, le même travailleur ou un autre. Il permet aux employeurs d'assurer une grande flexibilité des effectifs, de maintenir un vivier de précaires disponibles. En contrepartie, ces travailleurs bénéficient d'un régime d'exception dont l'origine remonte à 1936, celui d'intermittents du spectacle[1]. Les années blanches pendant la crise sanitaire ont permis d'éviter un drame social, mais, structurellement, ce régime se traduit à l'équilibre par une subvention massive aux employeurs privés associatifs, capitalistiques et publics du spectacle.

La précarité pousse les professionnels du spectacle à se concentrer en Île-de-France – près de la moitié d'entre eux –, avec une singulière hypertrophie de Paris intra-muros – un quart du total! – non seulement parce que c'est le marché local qui offre le plus large éventail d'opportunités, mais aussi parce que les professionnels peuvent plus aisément, au gré des engagements, rayonner depuis Paris sur l'ensemble du territoire métropolitain et au-delà des frontières.

---

ne sont cependant pas incohérentes : Audiens prend en compte des travailleurs du spectacle qui émergent à d'autres branches, et surtout comptabilise des salariés pour lesquels le spectacle n'est pas l'activité principale.

1. Pour une très riche analyse de l'intermittence, voir Issehnane S. et Merchaoui W. (2020), «Trajectoire des intermittents du spectacle indemnisés», *Culture Chiffres*, n° 2020-04.

À ces travailleurs se rajoutent des milliers de bénévoles, artistes amateurs et stagiaires non rémunérés, utilisés tant par des structures marchandes que non marchandes. Ce travail gratuit, «justifié» par les employeurs par le prestige de l'art ou sa dimension formatrice, alimente les profits des uns ou sert de béquille à des associations sans but lucratif ou des entités publiques, tout en créant une «concurrence» contre les professionnels. La Philharmonie de Paris est pour les chanteurs professionnels emblématique : vaisseau amiral de la musique à Paris, elle accueille en résidence le Chœur de l'Orchestre de Paris, un chœur ultrasélectif de 200 adultes, adolescents et enfants, des amateurs majeurs très peu rémunérés et mineurs pas du tout, alors qu'ils assurent un grand nombre de représentations payantes.

La fragilité des acteurs non marchands, fer de lance de la «démocratisation» de la culture, ne permet pas de freiner ces dynamiques. La décentralisation a donné aux collectivités les principales clés. Les maisons de la jeunesse et de la culture jouent un rôle majeur, mais extrêmement hétérogène spatialement et temporellement, au gré des priorités des élus et de l'état des finances locales. Partout leur situation est précaire ; celle des associations pour la pratique amateur encore plus. Les formations publiques artistiques amateurs et professionnels, en particulier dans les conservatoires, demeurent souvent malthusiennes, parfois au titre de la préservation de l'«excellence». En revanche, de

nombreuses collectivités ont étendu les publics exo-
nérés, voire introduit la gratuité de lieux patrimoniaux,
notamment les musées ; ces initiatives sont très discu-
tées du fait de leur mise en œuvre : publicité de la gratuité plus tournée vers le tourisme que les résidents ou
augmentation du prix des expositions pour compenser
la perte de revenu, qui ne garantissent pas la démocratisation.

Alors que les moyens manquent pour l'accès à une
offre culturelle diversifiée pour toutes et tous, l'État sub-
ventionne à coups de centaines de millions d'euros la
privatisation de biens culturels et des formes d'exclusi-
vité de la culture. Arrêtons-nous sur quelques dispositifs.

Les particuliers fortunés bénéficient en France d'un
régime d'imposition patrimoniale exceptionnel. Pour
reprendre la publicité d'une officine d'optimisation
fiscale, « investir dans l'art c'est [...] associer un achat
plaisir et un bon investissement avec une réduction de
votre impôt ». Les œuvres d'art sont en effet totalement
exonérées d'impôt sur la fortune immobilière (IFI,
comme elles l'étaient d'ISF). La notion d'art est étendue, couvrant de nombreux marchés : tableaux, sculp-
tures ou photographies, bien sûr, mais aussi mobiliers,
bijoux, livres, jouets ou voitures anciens. Parallèlement
à une privatisation de l'art, la fiscalité participe ainsi de
sa financiarisation.

Les propriétaires de monuments historiques ou
remarquables (et désormais ceux labellisés par la
Fondation du patrimoine de Stéphane Bern) bénéficient

eux d'une batterie impressionnante d'avantages fiscaux au titre de la préservation du patrimoine même s'ils en ont une totale jouissance privative : déduction des travaux du revenu global, exonération de droits de succession, etc. En outre, la plupart de ces «armes massives de défiscalisation», pour reprendre le titre d'un article des *Échos* du 25 octobre 2019, échappent au plafonnement des niches fiscales. Et comme si ces subventions indirectes ne suffisaient pas, les propriétaires sont éligibles à des subventions directes par les DRAC.

Du côté des entreprises, c'est le mécénat culturel qui remporte un succès croissant, avec environ 400 millions d'euros en 2019, ouvrant à un remboursement fiscal de 40 à 60 %. Surtout, défini comme «le soutien matériel apporté, sans contrepartie directe de la part du bénéficiaire, à une œuvre ou à une personne pour l'exercice d'activités présentant un intérêt général», le mécénat se mue en publicités et exclusivités, financées à moitié par la solidarité nationale. D'un côté, les fondations culturelles créées par plusieurs multinationales françaises, et qui portent leur nom, peuvent prétendre au bénéfice du dispositif fiscal en matière de mécénat. De l'autre, soumises à l'austérité budgétaire, les institutions culturelles déroulent aux mécènes un usage exclusif de leurs patrimoines et créations. La loi permet en fait des contreparties aux mécénats du moment que l'institution les chiffre discrétionnairement à 20 % du «don». Par exemple, la Cité de l'Architecture au Trocadéro :

« avec 23 000 m², propose des espaces remarquables à ses partenaires pour leurs manifestations privées : galeries du musée pour des soirées d'exception, auditorium équipé pour les rencontres professionnelles, salles de réunion ou espaces de réception offrant un panorama unique face à la tour Eiffel ».

Et de poursuivre :

« la Cité propose aux entreprises de valoriser leur engagement auprès de leurs collaborateurs, clients et partenaires [en] offrant un accès privilégié à la programmation : mise à disposition de billets, organisation de visites guidées, édition de Pass VIP annuels, visites privées avec les commissaires d'exposition, accès aux ateliers jeune public ; [des] actions de relations presse adaptées, des campagnes d'affichage, et des insertions dans les principaux médias offrant ainsi une large visibilité [à l'entreprise mécène] ».

Entre failles et captures, la politique culturelle renvoie en miroir, cependant, autant d'opportunités pour réviser les modèles productifs de la culture. Nous allons en explorer certaines dans la section suivante.

2. Quelques pistes pour reposer les modèles productifs

L'argument selon lequel repenser la production de la culture se heurterait aux limites budgétaires ou financières ne tient pas. Uniquement réduire les subventions à leur usage exclusif ou taxer les contreparties dont bénéficient les mécènes offriraient des marges budgétaires à l'État de centaines de millions d'euros. En comparaison, le *pass Culture* est budgété à moins de 100 millions d'euros. Parallèlement, les enrichissements croisés entre les différents arts et industries justifieraient une mutualisation dans un financement trop conçu en silos. Les débats des années 2010 sur une possible licence globale pour l'accès aux contenus musicaux associée aux abonnements Internet avaient déjà esquissé cette idée. La mise à contribution des plateformes de streaming, désormais effective bien que modeste, fléchée vers la création audiovisuelle, est en cela une opportunité. Elle pourrait être redéployée pour irriguer création et production bien au-delà de l'audiovisuel et jusqu'au monde amateur, extraites du contrôle des plateformes sur les contenus.

Ces sommes accompagneraient un mouvement vers une culture moins exclusive, mais aussi plus écologique. Cette seconde dimension soulève déjà des réflexions au sein notamment du spectacle vivant[1].

---

1. Voir en France, Shift Project (2021), *Décarbonons la culture*, rapport intermédiaire, mai.

Pour illustrer ce mouvement, concentrons-nous sur la phase de restitution dans les processus productifs à travers des mécaniques à trois échelles géographiques visant à basculer d'un modèle productif intensif à un modèle extensif.

La première est l'allongement de la restitution dans un lieu donné. Dans une course au prestige, musées, théâtres ou philharmonies n'ont cessé de gonfler leur catalogue de programmation annuelle. Un concert préparé pendant de nombreuses séances peut ainsi donner lieu à un très petit nombre de représentations sur une saison, deux, voire une seule qualifiée d'exceptionnelle. Cette boulimie satisfait les abonnés, mais ne permet qu'à quelques motivés d'accéder à l'œuvre. Elle s'accompagne d'une rapide rotation des artistes ou techniciens, d'invitations d'orchestres étrangers, de déplacement d'œuvres physiques, etc., avec au total un lourd bilan carbone. Si l'acte de restitution des œuvres, y compris une exposition, peut lui-même être considéré comme création, ou s'ouvrir à des artistes d'ailleurs comme un enrichissement, autant les offrir à un public le plus large possible. Un catalogue moins fourni signifierait un modèle productif alternatif :

– les temps de préparation, le nombre de répétitions se réduiraient au profit des temps de restitution ;

– la résidence peu carbonée remplacerait l'invitation éphémère ;

– les intermittents gagneraient en stabilité et des durées de travail plus complètes ;

– les institutions seraient poussées à conquérir de nouveaux publics.

Pour les musées, la question de la gratuité se reposerait. Les grands musées nationaux sont revenus même sur l'expérience du dimanche par mois, mais pourraient impulser un modèle tourné vers les populations résidentes, déclinable dans les collectivités. Le Louvre serait en cela emblématique ; les arguments de difficultés d'accessibilité physique et d'une demande socialement marquée sont là caducs : à quelques pas, les Champs-Élysées se remplissent de Franciliens de tous milieux sociaux ; la multiplicité des clips, séries, films à fortes audiences font de ses couloirs, de ses œuvres majeures, des biens populaires. *In fine,* seuls l'absence de publicité vers tous les publics et le prix pour les majeurs demeurent des obstacles insurmontables. Avec la désertion pour encore de nombreux trimestres des touristes internationaux, l'argument d'une saturation ne peut plus être opposé pour justifier un refus d'un test d'une telle politique.

Une deuxième mécanique complémentaire pourrait s'engager : la restitution en tout lieu autour des salles et musées sur le territoire. Il ne s'agit pas de répéter la logique marchande des tiers lieux, mais d'amener les œuvres, les artistes là où circulent ou peuvent converger justement des publics qui n'y ont pas accès du fait d'obstacles temporels et financiers ou simplement d'intimidation : salle des fêtes, places publiques, hôpitaux, stades. À ces lieux physiques se rajouteraient les lieux virtuels ouverts. Lors du premier confinement, un autre vaisseau amiral de la culture française, l'Opéra de Paris a rendu accessibles gratuitement, pour une durée d'une semaine, des retransmissions de productions emblématiques de son répertoire comme *Le Lac des cygnes* ou *Carmen*. Le succès a été phénoménal avec des millions de visionnages, preuve de l'ampleur de la demande réelle, loin de l'image d'un art que seule une élite peut apprécier. Cette politique a été abandonnée dès l'automne pour cette fois-ci un test d'un live payant via Facebook : résultat 5 000 spectateurs, deux fois plus qu'une salle, mais un chiffre ridicule par rapport aux visionnages gratuits. Un choix dicté, comme pour la plateforme Philharmonie Live, par une situation financière tendue, que les redéploiements budgétaires permettraient de corriger. Or, la consommation culturelle augmente avec l'expérience culturelle. Un streaming gratuit stimule l'intérêt et la demande pour assister physiquement à des spectacles, non seulement des établissements diffuseurs, mais aussi de ceux répartis sur l'ensemble du territoire. Le secteur culturel continuera à bénéficier d'une recherche d'interactions collectives et de sensations esthétiques directes.

Au-delà du modèle productif interne à chaque institution, une troisième piste consiste en la mutualisation entre établissements culturels d'un même espace géographique, y compris transfrontalier, qu'ils soient permanents ou saisonniers comme les festivals. Les acteurs du spectacle vivant suggèrent ainsi une mutualisation systématique des invitations d'artistes internationaux, réduisant le coût écologique de leurs invitations, tout en ouvrant la possibilité financière d'attirer de nouveaux invités. Alors qu'artistes et techniciens français se concentrent à Paris pour rayonner au gré des contrats sur tout le territoire, un engagement des établissements de recourir à une main-d'œuvre locale permettrait à ces actifs une relocalisation, synonyme là aussi d'une plus grande stabilité d'une réduction des longs trajets professionnels. À travers cette double mutualisation, la culture serait à la fois plus «provinciale» et internationale et on peut espérer des échanges entre les établissements une nouvelle source de partage d'expériences favorable *in fine* à la création.

Ces transformations du modèle productif amèneraient ainsi une première évolution des conditions d'emploi de pans entiers des travailleurs de la culture. D'autres leviers peuvent être activés, en particulier pour remplir simultanément un autre besoin : celui d'un puissant enseignement public artistique des jeunes et des amateurs. Si on se concentre sur les seuls conservatoires, alors que l'ensemble des enseignants de l'éducation nationale sont catégorie A, l'essentiel de leurs enseignants – les assistants d'enseignement artistique – est enfermé dans un statut de sous-professorat, agents publics de catégorie B de la fonction publique territoriale, avec une forte proportion de contractuels. Cette précarisation s'est accentuée depuis le début du siècle. Cela crée un cercle vicieux avec une faible attractivité du métier qui génère des pénuries là où la demande de formation artistique est la plus tendue. La création d'un statut revalorisé d'enseignant-artiste fonctionnaire national dans des établissements irriguant le territoire au même titre que l'éducation nationale et permettant d'articuler clairement l'activité artiste et l'activité d'enseignement sur tout le territoire rétablirait cette attractivité. Elle s'accompagnerait de recrutements massifs pour répondre à une forte demande et étendre l'enseignement à d'autres arts, y compris visuels, et si nécessaire en créant de nouveaux établissements. Des artistes et donc leur capacité de créations y gagneraient en stabilité. Ce levier pourrait être activé également pour les techniciens – son, animation, etc. – de l'univers de la culture, car là aussi il y a une appétence de la jeunesse pour maîtriser ces technologies en vue d'une création essentiellement amateur, dont la formation est aujourd'hui assurée majoritairement par des structures privées utilisant les outils de la précarité CCD d'usage et même l'auto-entrepreneuriat.

Bien que pouvant à terme regrouper plusieurs dizaines de milliers d'artistes et techniciens, de tels statuts continueront à ne bénéficier qu'à une minorité des travailleurs de la création et de la représentation surtout, s'ils sont éloignés des établissements d'enseignements artistiques.

Des initiatives locales se proposent de redessiner le rapport des «consommateurs» à l'art et aux artistes, offrant de nouvelles perspectives à ses derniers. C'est le cas des Amac, qui bourgeonnent à travers l'Hexagone depuis une décennie. Les Associations pour le maintien des alternatives en matière de culture ou pour le maintien de l'art à la campagne se veulent un pendant des Amap alimentaires (voir le chapitre «se nourrir»); si les premières ont donné lieu à une importante littérature ethnographique ou socio-économique, ce n'est pas encore le cas des secondes; on ne peut donc qu'en décrire la structure et les objectifs et promesses. Elles se déploient soit sur une seule zone, comme Hétérotopie à Alençon et sa région, soit en réseau, comme Kilti, présent de Lille à Montpellier jusqu'en Martinique, et même outre-Quiévrain à Namur ou Charleroi. Certaines recueillent aussi des dons de micro-mécènes, se réappropriant ainsi la fiscalité avantageuse du mécénat. Surtout, les Amac proposent des paniers culturels à un rythme souvent mensuel pour des tarifs de 10 à 20 euros. Le panier comprend notamment une sélection de spectacles, d'objets d'art locaux ou d'ateliers de pratique artistique. L'acheteur peut découvrir de nouveaux arts et les propositions artistiques locales. Il s'agirait même d'«amener le plus grand nombre vers la culture, adulte ou enfant, sans distinction de parcours, d'origine culturelle, de catégorie socioprofessionnelle ou d'éloignement géographique». Les artistes locaux y

trouvent, eux, une nouvelle source de revenu relativement stable et pérenne.

Ces quelques pistes illustrent qu'une partie de la
culture peut échapper aux dérives de financiarisation,
de capture, de marchandisation, d'intensification et
de précarisation, tout en devenant moins exclusive et
moins carbonée. Las, depuis le déconfinement de la
culture, administrations, syndicats, associations professionnelles et d'employeurs concentrent leurs efforts
sur un «retour à la normale», et des ajustements para-
métriques du régime d'intermittence, des subventions
existantes ou encore de la chronologie des médias.
Paradoxalement, le monde de la culture qui glorifie la
créativité est le théâtre d'un immobile compromis. Or,
dans le contexte français, les initiatives isolées d'acteurs
culturels et citoyens ne suffiront pas à l'émancipation
de la culture des logiques capitalistes et néolibérales :
il faut aussi que les partenaires institutionnels se réin-
ventent.

CHAPITRE 5

Se loger et se déplacer

ESTHER JEFFERS ET VIRGINIE MONVOISIN

La crise sanitaire a remis sur le devant de la scène les difficultés relatives au logement. Le premier confinement et le passage au télétravail pour les adultes ou à l'enseignement à distance pour les élèves ont révélé les disparités profondes entre les ménages et les problèmes réels quant à la nature même de l'habitat. En effet, étudier dans sa propre chambre, correctement chauffée et phonétiquement isolée, n'a rien à voir avec étudier dans un espace partagé, froid et/ou bruyant. La mue de l'espace de vie en espace de travail montre la fragilité du premier et précarise le second pour les ménages mal logés.

Pourtant, la crise du logement est bien antérieure à la crise du Covid. Et le phénomène est loin d'être marginal: en France, plus de 12 millions de personnes rencontrent des difficultés pour se loger et plus de 4 millions sont mal logées. Soit plus d'un Français sur cinq selon la Fondation Abbé Pierre[1]. Si ce dernier dénonçait les drames de l'hiver 1954 et le nombre de «couche-dehors», la situation de l'habitat a beaucoup évolué pour le pire comme le meilleur. Au cœur des politiques publiques depuis le lendemain de la Seconde Guerre mondiale, le logement est affecté aussi bien par les transformations démographiques ou sociétales que par des considérations relatives à l'aménagement du territoire, l'urbanisation, l'énergie, la transition, la mobilité, etc.

Et il est vrai que l'habitat revêt des dimensions multiples. Tout d'abord, notre logement tient une place déterminante dans notre vie, il est notre foyer et concerne l'intime ; c'est le siège de notre vie familiale et affective. Il nous inscrit dans une communauté, car il nous ancre dans un lieu, un quartier, une ville, et fait résonnance avec notre identité, notre culture, etc. Occuper un appartement du quartier historique de Paris ne recouvre pas les mêmes réalités qu'occuper une maison à Gap ou une HLM à Nîmes. Ensuite, parler de l'habitat renvoie à multiples aspects : construction, urbanisme, rénovation ou patrimoine. D'ailleurs, de plus en plus de secteurs économiques sont concernés – le BTP, mais aussi les secteurs des énergies renouvelables, des divers transports individuels ou communs.

1. Fondation Abbé Pierre (2021), *L'État du mal logement en France. Rapport 2021*. Disponible sur : https://www.fondation-abbe-pierre. fr/documents/pdf/reml2021_rapport_sur_letat_du_mallogement-web.pdf.

L'écoconception se banalise, les villes se veulent de plus accueillantes et la mobilité ne cesse de se transformer. Enfin, et c'est ce qui nous intéresse dans ce chapitre, le logement est une question hautement économique, sociale et politique.

Le logement peut constituer aussi bien une contrainte budgétaire qu'une opportunité de placement, car l'immobilier constitue à la fois une dépense et une épargne. Effectivement, un lieu commun renvoie au fait que «les Français adorent investir dans la pierre»! Mais qui sont ces Français qui peuvent investir? Quels choix s'offrent à eux entre le coût du logement et des transports? Or la France connaît des périodes de bulles immobilières depuis le début des années 2000 déstabilisant le marché, mais surtout les dépenses des ménages les plus pauvres.

Pourtant, logement et transport sont par nature l'objet de politiques économiques; la situation actuelle est avant tout le résultat de dynamiques économiques et sociales et des politiques publiques. Dans ce chapitre, nous partons d'un état des lieux et nous ferons des propositions qui permettraient de satisfaire sur le plan social le plus grand nombre, tout en respectant les objectifs de la transition écologique.

1. Entre besoins quantitatifs et qualitatifs, le logement et la mobilité au cœur d'évolutions majeures

Aujourd'hui, se loger soulève de nombreuses questions et relève sans doute d'une complexité jusque-là inédite. D'une part, le logement renvoie à des problématiques malheureusement classiques d'inégalités, d'orientations des politiques publiques et de distorsion de prix, voire de spéculation. D'autre part, la montée des préoccupations environnementales a transformé le regard porté sur le logement en introduisant des nouvelles exigences quant à sa conception et sa localisation. Il en est de même pour la mobilité. À la fois marquée par les inégalités et des enjeux économiques toujours plus forts, elle est également devenue un axe central de la transition écologique.

1.1. Le logement, des enjeux passés et présents

Le logement est redevenu une problématique majeure de nos sociétés. Les tensions sur le marché immobilier, les distorsions des prix, mais aussi les nouvelles questions autour de l'environnement et de la mobilité sont plus que jamais sur le devant de la scène. Pourtant, des difficultés anciennes demeurent : le mal-logement, les inégalités ou les obstacles à l'accès au logement ne sont toujours pas résolus. Or la situation actuelle résulte bien de dynamiques et de politiques publiques en place depuis longtemps.

Le logement, une question de société

Le logement est un élément structurant de nos sociétés. Au-delà du lieu de vie, il s'inscrit dans de nombreuses dynamiques économiques et sociétales. Il répond à des codes culturels – les Britanniques préfèrent l'habitat dispersé en milieu périurbain alors que les Français préfèrent un habitat plus concentré –, il est partie prenante de la production économique, se développe autour des bassins d'emploi et est influencé par les évolutions techniques et les politiques publiques, ces dernières étant fondamentales pour comprendre la situation actuelle.

En effet, les premières interventions publiques sur le logement datent de 1850 et de la loi contre l'insalubrité, mais c'est véritablement au lendemain de la Seconde Guerre mondiale que sont adoptées de réelles politiques du logement et qu'apparaît une intervention de l'État massive. Elles se définirent par des objectifs qui sont encore d'actualité :

– L'État se devait d'organiser la reconstruction et de répondre aux besoins (quantitatifs) de logement ; en libéralisant les loyers en 1948, l'État s'engagea en contrepartie à développer le logement social afin de répondre aux besoins des ménages modestes avec la loi de 1950 et la création des habitations à loyer modéré (HLM).

– Il s'agit également d'aider les plus fragiles en mettant en place des hébergements d'urgence, suite à l'appel de l'abbé Pierre en 1954 et l'arrivée des rapatriés d'Algérie en 1962.

– Enfin, le secteur de la construction est rapidement apparu comme un levier privilégié pour soutenir la relance économique, l'emploi et l'innovation.

L'effort consenti par l'État se traduit alors par une production importante de logements sociaux. Au cours des deux décennies qui suivent et jusqu'au premier choc pétrolier, la production de logements neufs transforme les paysages urbains de la France, sous deux formes, les grands ensembles et les lotissements pavillonnaires. La construction neuve atteint son pic en 1973, avec 556 000 unités, dont 64 % sont aidées par l'État. Un ralentissement progressif s'enclenche après le premier choc pétrolier et, dès 1974, la tendance s'inverse.

L'année 1977 a marqué le passage de politiques de support à la production de logement aux politiques d'accompagnement des ménages et du marché. Les préoccupations néolibérales en matière de dépenses publiques s'affirmant, l'État commença à se désengager, le marché ainsi que l'épargne privée étant supposés prendre le relais de l'action publique et des aides budgétaires. L'action de l'État va désormais reposer sur l'aide personnalisée au logement (APL). Concrètement, les ménages sont aidés dans leur accession au logement en fonction de leurs caractéristiques sociales et familiales. En revanche, les aides à la construction («aides à la pierre») n'ont cessé de se réduire. Aussi, depuis les années 1980, la crise du logement s'est accentuée. Ce ne sont plus seulement les plus pauvres qui n'arrivent pas à se loger, mais une part de plus en plus importante de la population. La crise du logement pose à la fois la question de l'accès au logement (nombre de logements disponibles) et celle de la localisation et de la qualité du logement.

Les sociologues ont coutume d'analyser les politiques du logement sous deux problématiques différentes de l'action publique : celle de la mixité sociale et celle du droit au logement[1]. Plus récemment, une troisième problématique s'est ajoutée : celle de l'environnement. À partir des années 1980 et 1990, les politiques publiques se sont orientées vers la question de la mixité sociale – sans grand succès – et une décentralisation des responsabilités vers les communes, mobilisant des compétences en termes d'urbanisme et d'habitat et posant des problèmes de financement et de partage de responsabilités. La question sociale s'est posée à travers deux types d'actions :

– Les HLM et leur réhabilitation : en restructurant et en rénovant largement les immeubles et les grands ensembles, l'objectif était de rendre ces habitations plus attractives. Depuis les tensions sur le marché de l'immobilier des années 2000, la construction de logements sociaux est à nouveau d'actualité, même si les moyens restent faibles.

---

1. Zittoun P. (2001), *La Politique du logement, 1981-1995, Transformations d'une politique publique controversée*, Paris, L'Harmattan ; et Houard N. (2009), *Droit au logement et mixité. Les contradictions du logement social*, Paris, L'Harmattan.

– Le soutien aux personnes les plus défavorisées. Avec la loi du droit au logement – la loi «Besson» de 1990 –, la loi de lutte contre l'exclusion de 1998 et le droit au logement opposable – DALO, 2007 –, l'État a mis en place une série de mesures censées protéger les plus fragiles.

Ces vingt dernières années, l'État entend toujours répondre aux besoins de logement, mais, maintenant, en tenant compte des enjeux urbains. Son action se décline autour de l'amélioration de la qualité urbaine – construction ou rénovation visant à moderniser le tissu existant – et de la maîtrise de l'urbanisation. Or, cette approche rencontre la nécessité de penser la transition écologique et énergétique, puisque le logement offre des marges importantes en termes de baisse des gaz à effet de serre et d'utilisation de matériaux plus durables et moins polluants. De plus, la localisation des logements a un impact essentiel sur la mobilité. Comment repenser cette dernière sans s'interroger sur les zones d'habitation et la circulation des personnes ? Le logement résulte bien d'un choix de localisation et d'un arbitrage entre le coût du logement et des transports.

Mais les politiques de long terme que suppose le logement semblent être passées de mode avec la généralisation de l'approche libérale ; l'intervention de l'État est toujours moins forte. Les aides ne cessent de se réduire : en 2010, le crédit d'impôt sur le photovoltaïque a baissé de 50 à 25 % et, en 2017, les APL ont diminué de 5 euros par mois. Les politiques du logement sont aujourd'hui confrontées à des demi-succès, voire à des échecs.

Est-ce que le parc immobilier répond aux besoins des ménages? Les remises en cause qualitatives et les exigences à la hausse en matière écologique sont en train de s'imposer. Néanmoins, les politiques publiques restent encore timides. Peut-être plus inquiétante, la question de l'accès au logement devient plus problématique. Là encore, les politiques ne se sont pas montrées efficaces. Les inégalités et les situations de précarité tendent à s'aggraver.

Le logement et ses habitants

Les évolutions du logement concernent les ménages et les particuliers qui doivent faire face ces dernières années au creusement des inégalités face au logement. En effet, si la crise que connaît ce dernier depuis les années 2010 peut s'expliquer par de grandes tensions sur le marché immobilier, le résultat est sans appel: la situation se dégrade pour bon nombre de ménages. Maintenant, les problématiques dépassent l'unique question des sans-abri et s'étendent depuis plus d'une quinzaine années à la catégorie plus large des mal-logés.

Les inégalités peuvent être abordées de nombreuses façons: à travers le mal-logement, les situations de précarité, le manque de confort, les conditions d'accès à la propriété, etc. De nombreux indicateurs existent – ce qui est sans aucun doute révélateur –, mais dans l'ensemble le panorama est préoccupant. Entre 1990 et 2018, le nombre de personnes privées de logement est passé de 672 000 à 896 000[1] et celui des mal-logés a grimpé de 1,5 million à 3,9 millions[2]. Pour ces derniers, les conditions sanitaires ne sont plus en cause, mais plutôt la qualité médiocre des habitations (présentant des défauts graves, comme des infiltrations, de l'humidité, un vis-à-vis à moins de dix mètres…) qui ne cesse de s'aggraver : 22 % des ménages sont confrontés à ces mauvaises conditions. D'ailleurs, la précarité énergétique – soit la difficulté à maintenir une température adéquate – a fortement augmenté chez les ménages pauvres[3]. Mais, au-delà des caractéristiques du logement lui-même, les difficultés tenant au type de logement (maison, chambre, abri…), au surpeuplement, au statut d'occupation (location, hébergement…) et au degré de précarité se sont intensifiées. Par exemple, plus de 8,5 millions de personnes sont concernées par le surpeuplement (soit le manque d'une pièce ou plus) ou près de 2 millions par la colocation, qui ne touche

---

1. Plus précisément, la Fondation Abbé Pierre (2021, *op. cit.*) estime que si les sans-domicile étaient 143 000 en 2012, ils seraient plus de 300 000 en 2021.
2. Rougerie C. (2020), « Difficultés de logement ; les situations de logement appréciées selon les dimensions proposées par le Conseil national de l'information statistique », *Document de Travail, INSEE*, novembre, et Fondation Abbé Pierre (2021), *op. cit.*
3. Fondation Abbé Pierre (2021), *op. cit.*

pas que des jeunes étudiants, puisque 43 % sont des actifs dont l'âge moyen est de 28 ans.

Le mal-logement est ainsi un indicateur d'inégalités économiques et sociales. Néanmoins, c'est aussi un marqueur fort des inégalités de genre. D'une part, les femmes subissent davantage la précarité financière (contrat de travail, temps partiel ou écart salarial), mais, d'autre part, elles sont confrontées à plus de discriminations sur le marché immobilier (accès au logement ou au crédit). Largement surreprésentées dans les familles monoparentales, les femmes sont justement les plus touchées par le mal-logement et restent le type de ménage qui détient le moins de patrimoine immobilier[1].

Cela dit, le logement constitue lui-même un facteur aggravant les inégalités. Son poids dans le budget des ménages les plus modestes contribue à accentuer les écarts de niveau de vie et la question du prix de l'immobilier est fondamentale.

Le logement, l'enjeu des prix immobiliers

Les loyers ont beaucoup augmenté ces dernières années. De nombreux ménages ont du mal à payer leur loyer ou vivent dans des conditions d'habitat indécentes et ne peuvent accéder à des logements sociaux. Il y a surtout une déconnexion entre la valeur des

1. INSEE (2021), «Dépenses de consommation des ménages par fonction», *Tableau de bord de l'économie française*. Disponible sur: https://www.insee.fr/fr/outil-interactif/5367857/tableau/30_RPC/35_CEM.

logements et les loyers demandés. Tout comme il y a une inadéquation flagrante entre les prix demandés et les revenus des Français.

Aussi, le prix de l'immobilier pèse de plus en plus lourd dans le budget des ménages. En 1960, le logement, le chauffage et l'éclairage représentaient 12 % du budget moyen des ménages français. En 2020, la même catégorie représente 33,4 %[1]. Sur cette période, les dépenses d'habillement sont passées de 11,9 % à 3,2 %! Notons que le poste «logement, eau, électricité, gaz et autres combustibles» pèse 18,8 % au Portugal et dépasse 20 % en Grèce[2]. L'impact du logement sur le pouvoir d'achat n'est alors pas le même d'un pays à l'autre. Le taux d'effort financier est d'autant plus important quand les ménages sont pauvres (55,9 % pour le dernier décile) ou quand les ménages sont locataires dans le secteur privé (à 29 %) ou dans l'habitat social (à 26 %). D'ailleurs, la courbe de Friggit, qui relie le prix de l'immobilier au revenu des ménages, décrit jusqu'aux années 2000 une relative stabilité de l'effort financier des particuliers – avec une hausse à la fin des années 1980; en revanche, la courbe s'envole avec la montée spectaculaire des prix jusqu'en 2008, chute, puis reprend à la hausse en 2010. Comment expliquer

1. *Ibid.*
2. Eurostat (2016), «Un quart des dépenses des ménages alloué au logement», communiqué de presse. Disponible sur: https://ec.europa.eu/eurostat/documents/2995521/7747225/2-29112016-AP-FR.pdf/91b1fd1e-67e4-444f-9ea2-a0c8e8fcd35c.

ces phénomènes de hausse des prix et de bulles immobilières ? Si, structurellement, l'augmentation des prix
peut s'expliquer par la complexification de la construction (qui suppose plus de normes ou des matériaux
plus coûteux), des facteurs démographiques ou le développement des logements à vocation touristique type
Airbnb pour certaines villes, l'immobilier est avant tout
devenu un objet de spéculation financière dont le prix
s'éloigne de plus en plus de ses fondamentaux.

Traditionnellement, les biens immobiliers ont toujours représenté une épargne permettant de sécuriser
l'hébergement de la famille et de pérenniser le patrimoine familial ; c'est la valeur refuge par excellence, d'autant que ce bien a une durée de vie longue. Néanmoins,
l'immobilier, comme les titres financiers ou l'art, est
devenu bien plus qu'une épargne de précaution. Les
biens immobiliers se sont transformés en outils de diversification des portefeuilles financiers, servant de débouchés à la masse considérable de liquidités, amenant de
nouveaux acteurs sur le marché et entraînant une forte
hausse des prix et une succession de bulles immobilières
plus ou moins importantes. Entre 1998 et 2008, les prix
de l'immobilier français ont bondi de 141 % en moyenne,
voire de 200 % selon les endroits !

L'ensemble des pays industrialisés ont connu,
depuis le début des années 2000 une flambée inédite de leurs marchés immobiliers. Juste avant la crise
de 2007, le nombre de ventes de logements neufs et
anciens n'avait jamais été aussi élevé malgré des prix

ayant doublé ou même triplé en une dizaine d'années.
Le Centre d'études prospectives et d'informations
internationales[1] montre que cette spéculation immobilière s'est globalisée et trouve son origine dans la
libéralisation financière mondiale, ce qui la rend sen-
sible aux mouvements de capitaux internationaux. Les
bulles spéculatives peuvent alors apparaître du fait
d'une hausse des prix d'origine purement financière
et de la spirale qu'elle entraîne : vendeurs et acheteurs
calent leurs comportements sur un marché haussier.
Or, depuis 2015 en France, les prix des maisons, appartements, neufs ou anciens, sont en nette hausse[2] – le
prix des appartements a augmenté de 2 % en 2015 et de
7 % en 2020 – et tous les observateurs, dont le FMI entre
autres, redoutent les effets de cette bulle spéculative.

Par ailleurs, la détention de biens immobiliers
connaît la même concentration que celle du patrimoine
dans son ensemble et les inégalités sont plus fortes que
celles des revenus. Selon l'INSEE, 10 % des Français
les plus riches détiennent 46 % du patrimoine total en
2018, dont 60 % sont constitués de biens immobiliers,
et les 30 % les plus pauvres ne sont que très rarement
propriétaires de leur logement. Or, cette concentration creuse encore davantage les inégalités puisque la
hausse des prix immobiliers valorise le patrimoine des
propriétaires.

1. Grjebine T. (2014), « D'une crise a l'autre : 30 ans de globalisa-
tion des cycles immobiliers », *Lettre du CEPII*, mars.
2. INSEE (2021), *op.cit.*

Ainsi, la distorsion des prix des logements due à la financiarisation de l'immobilier renforce les inégalités et génère des tensions sur les prix rendant plus difficile l'accession à la propriété pour les plus fragiles. Se loger est coûteux et tend à le devenir de plus en plus.

1.2. La mobilité, indispensable à la vie sociale

Politique du logement et politique de la mobilité s'articulent étroitement ensemble. En effet, depuis la fin des années 1960, les villes et leur périphérie ont connu des transformations majeures qui s'accompagnent entre autres d'un étalement urbain et périurbain croissant. A surgi aussi une inadéquation spatiale concernant la répartition des emplois sur le territoire :

– Soit le type d'emploi dans la région ne correspond plus ou pas aux qualifications (disparition d'emplois industriels, de services publics, etc.), obligeant les salariés (notamment les jeunes) à se déplacer pour trouver du travail.

– Soit les emplois sont trop éloignés des logements et se pose alors le problème des transports. Ainsi, des zones (région parisienne ou Côte d'Azur, etc.) ont un marché immobilier très tendu, alors que d'autres connaissent des taux de vacance élevés avec des prix bas et attirent les salariés les moins favorisés. D'où les difficultés croissantes pour ces salariés à rapprocher habitat et emploi, une part notable de la mobilité est alors subie plutôt que choisie.

Dans certains territoires, disposer d'une automobile est devenue une obligation pour trouver un travail et pour s'y rendre. L'allongement des distances entraîne une augmentation du rôle de la voiture et de la part des dépenses pour les déplacements dans le budget. Il faut alors arbitrer entre coût du logement et coût des transports – plus on est loin du centre, moins le terrain est cher, mais plus on dépensera en transport. Ainsi, près d'un Français sur quatre déclare avoir déjà renoncé à un emploi ou à une formation par manque de moyen de se déplacer et 28 % des personnes en insertion ont abandonné un travail ou une formation, faute de pouvoir s'y rendre. Enfin, près d'un Français sur cinq déclare avoir déjà renoncé à se rendre à un entretien d'embauche parce qu'il était difficile ou trop chronophage de s'y rendre[1].

À cela se rajoutent les difficultés que rencontrent de nombreuses personnes à avoir accès à un moyen de transport collectif tôt le matin, le soir et la nuit, le dimanche ou encore pour faire le ou les derniers kilomètres entre la gare ou l'arrêt d'autobus et chez elles. Or, les emplois de services (gardiennage, ménage, aide à la personne…), souvent en horaires décalés, concernent aussi des femmes dont la mobilité dépend souvent de l'offre de transports publics et qui doivent faire face au problème de la garde d'enfants, surtout lorsqu'il s'agit de familles monoparentales. La question des transports renvoie clairement à la mobilité des femmes,

1. Enquête du Laboratoire de la mobilité inclusive (2017): «Mobilité et accès à l'emploi», réalisée par Elabe.

indispensable à leur autonomie. Ici, les différences de mobilité entre hommes et femmes restent importantes, mais sont fortement négligées, voire ignorées. Même si les études restent encore peu nombreuses dans ce domaine, elles montrent toutes que les comportements diffèrent selon le genre, qu'il s'agisse des déplacements, des moyens de transport utilisés (voiture, transports en commun, train), des fréquences ou des motifs de déplacement. Les études[1] réalisées en Europe ou en Île-de-France montrent que les femmes ont plus souvent recours que les hommes aux transports en commun et à la marche et que, partout, elles ont tendance à parcourir moins de kilomètres en voiture. 64 % des usagers captifs des transports en commun (et donc, non volontaires) sont des femmes[2]. Ces différences se manifestent très tôt et tout au long de la vie.

Ces écarts ne découlent nullement de différences « naturelles » entre les genres, mais s'expliquent par le rôle social assigné aux femmes, par la division des

---

1. Voir Demoli Y. (2014), « Les femmes prennent le volant. Diffusion du permis et usage de l'automobile auprès des femmes au cours du XXᵉ siècle », *Travail, genre et sociétés*, 2 (n° 32), p. 119-140. Blache C. (2015), « Comment l'étude genrée des déplacements permet d'aborder l'équilibre des modes de transport et un meilleur partage de l'espace public », Séminaire TICE et le CRPVE 91, septembre. Dupont-Kieffer A. et Krakutovski Z. (2012), « Temps de transport au regard des changements démographiques en Île-de-France : tendances passées et projections à l'horizon 2030 », *Recherche Transport Sécurité*, vol. 27, p. 75-92.

2. D'Arbois de Jubainville H. (2019), « Sécurité dans les transports en commun : Le cas des usagers captifs », *La note, Observatoire national de la délinquance et des réponses pénales*, n° 33, février.

tâches au sein des ménages et par une participation dif-
férenciée au marché de l'emploi. Si les déplacements des
hommes s'expliquent principalement par leurs activités
professionnelles, ceux des femmes sont davantage liés
à la prise en charge des proches et des tâches domestiques. Elles ont également un moindre accès à la voiture (permis de conduire, propriété et usage du véhicule)
et se déplacent plutôt à pied ou en transports en commun, dont elles sont les plus grandes utilisatrices. Elles
les utilisent davantage alors même qu'elles ressentent
plus d'appréhension dans les espaces publics et l'usage
des transports publics. Dans les enquêtes réalisées, une
femme sur deux affirme ne pas se sentir en sécurité
dans les transports en commun, contre 35 % pour les
hommes. Les enquêtes montrent aussi que les femmes,
quel que soit leur profil, adoptent des pratiques spéci-
fiques de mobilité alliant vigilance, évitement de lignes
ou trajets réputés dangereux, précautions ou restrictions
dans la tenue vestimentaire, qui montrent clairement la
persistance de certains stéréotypes sexuels qui font par
exemple porter la responsabilité de l'agression sexuelle à
la victime prétextant une tenue provocante.

Des distances entre l'habitat et le travail plus élevées,
des automobiles plus nombreuses et en moyenne plus
âgées, des trajets routiers très majoritaires pour le transport intérieur de marchandises (90 % des marchandises
livrées par le transport routier en France), toutes les
études montrent une croissance élevée des émissions
de polluants, des émissions de gaz carbonique ainsi que

des consommations de carburant. Les déplacements des personnes et le transport de marchandises représentent aujourd'hui plus de 30 % des émissions de gaz à effet de serre en France : les voitures (52 % du total), les poids lourds (19 %), les véhicules utilitaires (19 %) et les vols intérieurs (4 %). Alors que l'objectif est d'atteindre une réduction d'au moins 40 % des émissions d'ici 2030 !

2. Être logé et bien logé

Le droit au logement est un droit fondamental et est reconnu par la loi comme tel depuis 1990. Chaque personne a le droit d'avoir une habitation et d'être bien logée.

Mais si le niveau de confort des logements n'a cessé de progresser depuis plusieurs décennies en France, il subsiste nombre de logements insalubres, mal chauffés, mal desservis par les transports, avec plus de 4 millions de mal-logés. Les conséquences sociales de ces mauvaises conditions ont un coût très important pour la société : elles touchent à la santé des occupants, à l'éducation des enfants mal-logés, à l'emploi de jeunes trop éloignés des centres économiques, à la santé physique et mentale des personnes âgées qui vivent dans des logements non adaptés à leur perte d'autonomie…

De plus, on ne peut considérer l'habitat au sens étroit et oublier l'environnement. L'aménagement d'un quartier, la conception architecturale d'un bâtiment, l'organisation d'un logement, interrogent le vivre ensemble dans la pluralité. Être bien logé, c'est aussi vivre et accéder sans difficulté aux services indispensables, aux commerces, à l'école pour ses enfants, mais aussi à son lieu de travail. L'habitat dépasse la stricte question du logement, appartement ou pavillon, et le nombre de mètres carrés nécessaires, conditions indispensables, mais non suffisantes, et renvoie à être, vivre et s'épanouir dans son environnement, et «au vivre ensemble» :

> «Une cage d'escalier bruyante, des parois perméables aux bruits gênent le repos, entravent le bien-être et favorisent l'agressivité, la colère, le refus des autres. De même, une rue triste, sale, inhospitalière déteint sur votre caractère, vous devenez morose, vulnérable, inquiet et broyez du noir. Des espaces verts lépreux, des voitures mal garées, des incivilités à répétition, un gardien absent ou bougon, tout cela concourt à vous gâcher l'existence et à rendre inhabitable votre logement et ses à-côtés. Vous rêvez de partir, de changer d'air. Vous n'habitez pas le monde et votre habitation est davantage un refuge, étroit et cadenassé, qui vous enferme plus qu'il ne vous libère[1].»

Aussi la question du logement est-elle indissociable des politiques de développement et d'aménagement du territoire tant locales que nationales pour aboutir à un environnement écologiquement durable, meilleur pour la santé, récréatif, favorisant le vivre ensemble.

---

1. Paquot T. (2005), «Habitat, habitation, habiter», *Informations sociales*, n° 123. Disponible sur : https://www.cairn.info/revue-informations-sociales-2005-3-page-48.htm.

Une telle politique, pour être réellement efficace, ne peut voir le jour que grâce à un retour de l'État et des collectivités dans la politique du logement et nécessite une remise à plat des interventions existantes pour mettre au premier rang l'objectif de « *tous bien logés* ».

2.1. Comment loger les plus fragiles

Le logement social manque. Tout d'abord, l'hébergement d'urgence peine à faire face à la montée de la précarité, à l'accueil des migrants et à sa propre dégradation. De fait, les plus précaires font de plus en plus appel à des habitats de fortune de plus en plus nombreux (squats, bidonvilles) ou, pour ceux qui le peuvent, à des nuitées d'hôtel (le nombre de places a bondi de 265 % entre 2010 et 2019). Bien entendu, augmenter le nombre de structures et de places est fondamental, mais il s'avère également nécessaire d'humaniser l'accueil et penser à la réinsertion des bénéficiaires dans le cadre d'un réel accompagnement des situations de grandes détresse et pauvreté. Par ailleurs, le parc social existant est saturé, les nouvelles constructions peu nombreuses et de nombreux ménages modestes ne peuvent y accéder ou doivent attendre très longtemps pour obtenir un logement. Ils sont obligés de se tourner vers le secteur privé, où ils ont souvent du mal à payer des loyers qui pèsent lourd sur leur budget quand ils en obtiennent un, sans oublier la discrimination que subit une part importante de la population en raison des origines ethniques ou du sexe dans le cas des familles monoparentales, où, dans 83,6 % des cas, c'est une femme que l'on trouve comme parent[1].

Dans les premières mesures, pour arrêter la spirale de hausse des loyers et amorcer une baisse, une régulation des prix fonciers ainsi qu'un encadrement des loyers sont nécessaires. Il faut agir aussi par rapport aux logements vacants, estimés à 8,3 % du parc immobilier total en 2020[2] : si ceux-ci ne sont pas loués pendant 5 ans, les collectivités doivent pouvoir les récupérer pour en faire des logements sociaux. Une taxe en zone tendue sur les logements vacants existe au niveau des communes, mais les sommes perçues sont ensuite affectées à l'Agence nationale de l'habitat (ANAH). Les fruits de cette taxe pourraient être redirigés vers les communes afin que celles-ci puissent conduire les projets de revitalisation et de rénovation des centres-villes. Il s'agit là d'une proposition faite par la Convention citoyenne pour le climat (CCC).

Mais surtout il faut disposer de plus de logements sociaux tout en favorisant la mixité sociale. Il faut donc non seulement augmenter le parc social, mais veiller à ce qu'une meilleure répartition des logements sociaux contribue à faire baisser le niveau de ségrégation des ménages modestes. Sur la période 2017-2019, le bilan

1. *Le Monde* du 19 mars 2019.
2. INSEE (2020), «37 millions de logements en France au 1er janvier 2020», *INSEE focus*, n° 217. Disponible sur : https://www.insee.fr/fr/statistiques/4985385.

gouvernemental de l'article 55 de la loi Solidarité et renouvellement urbain (SRU), dispositif visant à favoriser l'équilibre social dans les territoires et à répondre à la pénurie de logements sociaux, fait état de 54 % des communes identifiées comme déficitaires au début du triennal qui n'ont pas rempli leurs obligations. Le mal-logement et la non-mixité sociale touchent plus particulièrement les personnes immigrées ou «issues de l'immigration» ou perçues comme telles, et parmi eux certaines nationalités plus que d'autres. La localisation des logements de ces familles montre une accentuation de la ségrégation socio-spatiale. L'importance des discriminations en matière de logement se reflète dans la surreprésentation de ces personnes immigrées dans l'hébergement d'urgence, dans des logements surpeuplés et dans l'ensemble des dispositifs d'aide au logement. Favoriser l'accès au logement social pour ces populations doit s'accompagner d'une politique de mixité et de mobilité, afin de ne pas aboutir à son contraire, c'est-à-dire une ghettoïsation ethnique et un refus de certains ménages d'accepter des logements dans ces quartiers ou ces immeubles. Mixité sociale et mixité ethnique ne sont pas synonymes et l'égalité des droits au logement ne va pas de soi.

Le logement, le quartier et, au-delà, tout l'espace public cristallisent également la répartition inégale des rôles sociaux assignés aux femmes et doivent être repensés pour prendre en compte les nouveaux modes de vie afin de tendre à plus d'égalité entre les femmes et les hommes. Deux types d'action permettraient d'assurer la place des femmes dans la cité :

– Favoriser la diversité des activités, les services de proximité, l'accès aux différents services publics, notamment les transports en commun, permet de créer un sentiment de sécurité, de promouvoir la mobilité et l'autonomie des femmes.

– Favoriser des lieux communs dans les quartiers, des espaces partagés, des lieux d'animation et de vie permet d'engager des liens entre l'espace privé et la sphère publique, favorise les liens sociaux et permet de faire reculer le sentiment d'anonymat et d'invisibilité que peuvent ressentir les femmes.

Car le logement c'est aussi le lieu où s'exercent principalement les violences faites aux femmes et peut être même l'outil que des hommes utilisent pour exercer leur emprise sur leur victime. Pour sortir de cette violence, la question du logement est essentielle. Qu'elles choisissent de rester dans le logement en demandant que l'auteur des violences soit évincé du logement, ou qu'elles préfèrent quitter le logement afin de se mettre en sécurité ailleurs, toutes ces femmes victimes des violences de leur mari ou de leur compagnon doivent obtenir un logement social, un nouveau logement à un prix abordable et dans lequel elles se sentent en sécurité dans un environnement rassurant où elles peuvent se reconstruire.

2.2. Vers un habitat plus accessible et plus écologique pour une mixité sociale et des relations apaisées

Toutes ces questions montrent l'importance du logement tant sur le plan social que sur le plan de la transition écologique. Il est urgent de formuler des propositions qui permettraient de relever ce défi en encourageant la construction vertueuse, mais aussi la rénovation. Pour cela des politiques d'urbanisation plus économes en espace, incitant à la réhabilitation ou à la reconstruction, à la revitalisation des centres-villes, sont nécessaires. La réhabilitation des habitats collectifs implique une concertation pour discuter et inclure toutes les parties prenantes (usagers, collectivités, etc.) dans les changements nécessaires. Dans les petites communes, il faut aider au financement des rénovations.

Le logement est devenu un élément central de la transition écologique et énergétique. L'approche qualitative a évolué et est encore plus d'actualité. Rendre les logements plus performants représente un gisement essentiel de réduction des émissions de gaz à effet de serre. L'objectif serait d'atteindre 20 millions de logements à rénover de façon globale, dont environ 5 millions de «passoires thermiques», des bâtiments tertiaires et publics d'ici à 2030. Il s'agirait d'une rénovation globale qui comprendrait aussi bien toit, isolation, fenêtre, que chauffage et ventilation mécanique contrôlée (VMC). Outre ses effets sur le climat, ce grand chantier national serait créateur d'emplois, réduirait la facture énergétique, améliorerait le confort des logements (au-delà de la consommation énergétique) et réduirait les dépenses de santé (proposition de la CCC).

Former les professionnels du bâtiment pour répondre à la demande de rénovation globale, et assurer une transition de tous les corps de métiers du BTP vers des pratiques écoresponsables (proposition de la CCC), permettrait d'atteindre à la fois les objectifs sociaux et écologiques.

2.3. La mobilité individuelle, une question collective

La mobilité a un coût et le droit de se déplacer, concept largement affirmé depuis la Déclaration universelle des droits humains, se heurte potentiellement à des freins financiers, environnementaux et sociaux.

Aussi, construire une société où chaque citoyen a la possibilité de participer à l'ensemble des activités économiques, sociales et culturelles tout en développant ses aptitudes potentielles contribuerait à créer des richesses matérielles, intellectuelles et artistiques au profit de la collectivité. Il s'agit donc d'inciter les personnes à travailler, vivre et s'épanouir dans un environnement propice.

Desservir par des lignes de transports collectifs les quartiers populaires ne suffit plus à répondre aux enjeux de désenclavement. Il faut accorder des crédits supplémentaires à la dotation des collectivités territoriales en vue de développer une offre de transports multimodale. Il s'agit de développer un plan d'investissements massifs dans les infrastructures ferroviaires, les matériels roulants, les gares, et les pôles multimodaux (lien avec les voitures, cars, vélos, etc.) afin de redynamiser le train et de le rendre plus attractif.

En proposant des solutions alternatives, notamment par les transports en commun, l'utilisation de la voiture individuelle peut être modifiée et limitée. La création de parkings relais dont le ticket permet l'accès aux transports publics en centre-ville doit aussi contribuer à rendre cet objectif plus facilement réalisable.

D'autres solutions peuvent aussi être mises en œuvre pour contribuer à limiter l'usage de la voiture, comme le ramassage des salariés en bus, ou des moyens de transport partagés, notamment pour les trajets domicile-travail, la promotion du covoiturage et des transports en commun en généralisant les aménagements de voies réservées aux véhicules partagés et aux transports collectifs.

Enfin, il est essentiel de redéfinir les problématiques existantes et de placer les femmes non seulement comme sujets de recherche, mais aussi comme participantes actives dans la définition des politiques urbaines et de transport. En premier lieu, afin d'assurer des transports en commun plus sûrs et plus fiables. Car, pour lutter contre les violences faites aux femmes dans les transports et assurer leur mobilité, des mesures, centrées sur l'aménagement de l'environnement urbain afin de le rendre plus sûr, doivent être mises en place. Par exemple, des améliorations au niveau de l'éclairage, de la visibilité des lieux, de la signalisation, des voies de secours, peuvent contribuer à diminuer le sentiment d'insécurité des femmes dans les transports. Mais d'autres mesures peuvent être imaginées : la « descente à la demande » constitue une réponse pour les usagères et usagers des lignes de bus éprouvant un sentiment d'insécurité en soirée et la nuit sur la voie publique. Ce dispositif consiste à leur offrir la possibilité de descendre entre deux arrêts de bus afin de les rapprocher de leur destination. Toutes ces mesures pourraient être soumises systématiquement à l'évaluation des voyageuses. Finalement, dans le secteur ferroviaire, les conductrices sont très peu nombreuses alors que les hôtesses d'accueil sont légions. Promouvoir l'emploi et augmenter le nombre de femmes qui travaillent dans le secteur des transports par la mixité des emplois et par la prévention de la violence à leur égard doit contribuer à rendre les transports en commun plus attractifs et plus sûrs.

Le logement et les transports doivent garantir une égalité d'accès sans distinction de sexe, d'âge, de classe sociale, c'est à cette seule condition que le « vivre ensemble » peut être véritablement développé et préservé.

CHAPITRE 6

Produire ensemble

MIREILLE BRUYÈRE, NATHALIE COUTINET
ET DAVID FLACHER

Satisfaire les besoins tout en initiant la transition écologique suppose de redéfinir les conditions de la production. Comme nous l'avons évoqué en introduction de ce livre, on ne peut pas penser les besoins sans les conditions sociales concrètes de leur production. Il est alors nécessaire, d'une part, d'analyser comment le néolibéralisme organise socialement et techniquement la production, déterminant ainsi conjointement la qualité des biens et des services mais aussi les conditions de travail en général, et, d'autre part, d'envisager une manière plus démocratique de produire.

À partir d'une rapide présentation des principales caractéristiques des modes de production, nous montrons à quel point les organisations productives sont actuellement à la fois trop puissantes, trop mondialisées et trop financiarisées. Ensuite, nous présenterons les perspectives d'un autre modèle pour produire ensemble en alliant transition écologique et justice sociale. Nous esquisserons les pistes indispensables vers une transformation productive afin d'y parvenir.

1. Des organisations productives trop puissantes, trop mondialisées et trop financiarisées

1.1. Trop puissantes

Dans de nombreux secteurs économiques, la concentration des entreprises a conduit à une augmentation de leur taille ainsi que de leur capacité à peser sur les décisions politiques. Cette concentration résulte d'opérations de fusions et acquisitions, notamment les «mégafusions» dans des secteurs importants de l'économie tels que les télécommunications, la pharmacie ou encore l'industrie agroalimentaire. Ces dynamiques de concentration sectorielle ont été renforcées par les privatisations et l'ouverture à la concurrence de certaines activités.

Comme le souligne et le documente l'Observatoire des multinationales[1], cette concentration oligopolistique pose un problème économique et un problème politique.

D'un point de vue économique, elle donne aux firmes un pouvoir excessif sur les fournisseurs et leur permet

---

1. Paris M. et Petitjean O. (2018), «Oligopoly: comment une poignée de grandes entreprises peuvent soumettre des secteurs entiers à leur loi», Observatoire des multinationales.

de s'entendre sur les prix et de se partager les marchés, comme en atteste le montant croissant des condamnations[1]. Celles-ci sont d'autant plus éloquentes qu'il est particulièrement difficile pour les autorités de réunir les preuves nécessaires.

D'un point de vue politique, ces grandes firmes sont en mesure d'influencer les élus et les administrations chargées de les réguler. Ceci est particulièrement vrai pour certains secteurs de première nécessité (eau, énergie, alimentation, médicaments, etc.), de biens de grande consommation (automobile, télécommunication, etc.), ou d'intérêt démocratique, comme les médias.

Ces entreprises font en effet chanter les régulateurs : le plus souvent un chantage aux délocalisations et à l'emploi. De surcroît, ces entreprises sont devenues trop importantes économiquement et socialement pour que le pouvoir politique prenne le risque de les affaiblir. Le «*too big to fail*», souvent invoqué pour les banques, s'applique à ces grands groupes. Enfin, pour de nombreux biens et services, les élus n'ont d'autre choix que deux ou trois entreprises, comme c'est par exemple le cas dans le cadre des marchés publics de l'eau ou de la gestion des déchets. Il faut alors un courage exemplaire aux élus pour s'abstraire de ce carcan et imposer le modèle de la régie publique.

1. En 2020, l'Autorité de la concurrence française a rendu 23 décisions pour pratiques anticoncurrentielles.

Fortes de leur pouvoir économique et financier, ces entreprises disposent de différents moyens d'influencer la décision politique. En premier lieu, il existe un lobbying assez classique : rencontrer les décideurs afin de peser sur les décisions ou réglementations. Les grandes entreprises disposent pour cela de moyens conséquents qui leur permettent de payer des cadres et experts dédiés, présents dans les couloirs de l'Assemblée nationale ou de la Commission européenne, ou d'inviter des élus ou des hauts fonctionnaires à des repas ou séminaires mêlant décideurs politiques, éditorialistes de presse et dirigeants des grandes entreprises. Les allers-retours de personnalités entre la haute fonction publique, le monde politique et la sphère économique contribuent aussi à construire des moyens d'influence. Le président de la République lui-même est issu de la finance d'affaires. Brune Poirson, secrétaire d'État à la Transition écologique et solidaire jusqu'en avril 2021, était auparavant employée de Veolia ; elle a rejoint le groupe Accor Hotels à partir de mai 2021. Cette porosité est particulièrement efficace lorsque d'anciens cadres de l'industrie sont intégrés dans les collèges des autorités indépendantes chargées de la régulation de ces mêmes secteurs. Si cette situation de conflits d'intérêts est désormais bien connue du grand public dans le cas de l'industrie pharmaceutique depuis l'affaire du Mediator, elle concerne également d'autres secteurs et d'autres agences, telles que l'Autorité de régulation des communications électroniques et des postes (ARCEP) et la Commission de régulation de l'énergie (CRE) pour l'électricité et le gaz, par exemple. Enfin, ces firmes mobilisent leurs moyens pour influencer indirectement le monde politique et les consommateurs à travers l'expertise et la production de connaissances scientifiques. Face à la pénurie de moyens accordés à la recherche publique, il est facile pour ces acteurs d'orienter des recherches universitaires en finançant des projets ou des chaires au sein même des établissements d'enseignement supérieur.

Les politiques de privatisation et de libéralisation menées à l'échelle européenne ont largement contribué à accroître le pouvoir des grands acteurs privés. Après une vague de privatisations il y a une trentaine d'années, la loi PACTE de 2019 (Plan d'action pour la croissance et la transformation des entreprises) modifie les seuils de détention de l'État dans certaines entreprises[1] afin de permettre une nouvelle vague de privatisations, dont celles de la Française des jeux (FDJ), d'Engie ou encore d'Aéroports de Paris (ADP), cette dernière ayant été repoussée en raison des conséquences de la crise sanitaire. Le désengagement passe également par des contrats de concession au secteur privé (comme pour les autoroutes) et par la transformation d'anciennes entreprises publiques en sociétés anonymes (comme cela a été fait pour la SNCF).

---

1. À titre d'exemple, la loi PACTE diminue le seuil de détention de l'État dans Aéroports de Paris sous les 50 %.

Enfin, *last but not least*, la domination des marchés financiers sur la stratégie des entreprises conduit systématiquement à donner la priorité absolue aux actionnaires, au détriment des salariés et des usagers ou clients. Les fusions-acquisitions sont en effet une manière de créer artificiellement de la «valeur» pour les actionnaires à travers la recherche de «synergies», en clair des destructions d'emplois pour doper à court terme les dividendes.

Pour contrecarrer cette puissance excessive, il est urgent de limiter le pouvoir des actionnaires et de réaffecter les pouvoirs entre les parties prenantes en intégrant salariés, usagers, citoyens et collectivités locales dans les décisions des entreprises. Cette intégration paraît essentielle pour que les décisions prises au sein de ces firmes soient dans l'intérêt de tous et non pas au service de certains. Ceci est d'autant plus important lorsque l'activité de l'entreprise concerne des activités ayant un impact écologique ou social élevé.

1.2. Trop mondialisées

Depuis 1980, le commerce mondial a été multiplié par 6,8 alors que le PIB en volume n'a été multiplié que par 3,5 : en France, cette forte mondialisation se traduit par des importations et des exportations qui passent de respectivement 22,5 % et 20,9 % du PIB en 1980 à 31,9 % et 30,8 % en 2017 (INSEE). En 2017, 35,3 % de la demande de biens industriels est constituée, en France, de biens importés, tandis que la moitié de la production française de biens industriels est exportée.

Avec la crise de 2007-2008, la mondialisation des échanges de biens et services semble avoir atteint un relatif palier. Depuis 2011, production et commerce mondiaux évoluent au même rythme. De surcroît, ces échanges s'insèrent dans des chaînes globales de valeur complexes : majoritairement, les biens échangés ne sont pas des produits finis, ce sont des biens intermédiaires qui entrent dans une chaîne de production organisée à l'échelle mondiale. D'un côté, la production nationale repose en partie sur des biens intermédiaires importés (la part des importations dans la production industrielle française est passée de 20,2 % en 1995 à 31,5 % en 2014). De l'autre, une partie des productions réalisées à l'étranger s'appuie sur des biens produits en France – la part des biens intermédiaires produits en France mais utilisés dans un processus de production étranger est passée de 23,1 % à 29,3 % sur la même période. Cette double dépendance à l'offre de biens intermédiaires étrangers (pour la production nationale) et à la demande de biens intermédiaires français par des pays étrangers est quasiment le double en France de celle constatée aux États-Unis[1].

La fragmentation mondiale des chaînes de valeur répond à la volonté des firmes de se fournir aux prix les plus bas à chaque étape de la production afin

1. Reshef A. et Santoni G. (2020), « Chaînes de valeur mondiales et dépendances de la production française », *La Lettre du CEPII*, n° 409.

d'accroître leur rentabilité, le plus souvent au détriment de l'emploi, de la qualité et des consommateurs. La mondialisation présentée comme un moyen de faire baisser les prix de détail s'avère être plutôt une bonne affaire, surtout pour les grandes entreprises qui pilotent et dominent ces chaînes de production mondiale.

La propriété des entreprises et leur gouvernance constituent une autre forme de dépendance internationale : en France, entre 1993 et 2017, la part de la production française réalisée par des filiales de firmes multinationales étrangères est passée de 9,3 % à 17,2 %. Désormais, 13,1 % des emplois sont sous contrôle étranger, contre 9,5 % en 1993 (INSEE, 2020).

Il résulte de la mondialisation à la fois une forte dépendance aux productions et décisions étrangères, mais également – et c'est lié – une fragilisation de l'emploi qui s'explique par une organisation des activités à l'échelle globale permettant de maximiser les profits au détriment des embauches, des salaires. De ce point de vue, la crise sanitaire a été un révélateur, comme l'illustrent la pénurie de masques ou de certains médicaments, les difficultés à produire des respirateurs, ou encore les problèmes d'approvisionnement en pièces détachées qui ont ralenti et ont failli mettre à l'arrêt des chaînes de production françaises, par exemple dans le secteur automobile. Il résulte aussi de ces évolutions un affaiblissement général de l'industrie française. En 2018, la production industrielle française représentait

1,9 % de la production industrielle mondiale, tandis que l'Allemagne, les États-Unis et la Chine comptent respectivement pour 5,8 %, 16,6 % et 28,4 % de la production industrielle mondiale. S'il ne s'agit pas de maximiser la part de l'industrie française dans la demande mondiale, ces données laissent entrevoir la faiblesse de la production industrielle pour répondre à la demande finale en France. Enfin, cette mondialisation conduit la France à produire un bilan écologique trompeur, car elle conduit à externaliser la pollution vers d'autres pays. Ainsi, d'après le ministère de la Transition écologique et solidaire, près de la moitié de notre empreinte carbone repose sur les émissions importées[1].

Face à ce constat, il faut repenser la mondialisation. Cela passe par une relocalisation de la production dans un grand nombre de secteurs, à l'échelle nationale et/ou européenne. Cela passe aussi, dans les secteurs pour lesquels la production reste localisée à l'étranger (par choix économique, du fait de contraintes liées aux ressources naturelles ou en raison des compétences technologiques nécessaires), par une intégration des différents coûts, notamment écologiques, associés à ces chaînes globales de valeur. Ainsi, comme le recommande la Convention citoyenne pour le climat, il

---

1. La pollution importée correspond aux émissions liées aux biens et services importés de l'étranger et consommés en France. Lorsqu'on les intègre dans les calculs, il en ressort que l'empreinte carbone de la France est restée relativement stable depuis 1995, en raison d'une forte hausse de la pollution délocalisée.

convient de comptabiliser dans le bilan carbone français les émissions liées à la production des biens que nous consommons en France, y compris lorsqu'ils sont produits à l'étranger[1].

De telles politiques nécessitent un réel volontarisme : des politiques industrielles ambitieuses, une politique budgétaire favorable au développement des infrastructures et l'investissement dans la transition écologique, une politique de soutien aux investissements domestiques des PME et des ETI. Cette politique doit aussi être celle – et c'est toute la complexité – d'une transformation profonde de nos modes de consommation afin de réduire notre empreinte matérielle et énergétique. Une fiscalité pourrait être instituée afin de réduire les échanges internationaux non essentiels : une taxe kilométrique pénalisant à la fois les importations venues de loin et les exportations au long cours aurait ainsi l'avantage, parce que symétrique, de ne pas présenter les travers d'un protectionnisme nationaliste. Cette taxe aurait vocation à s'éteindre au fur et à mesure de la relocalisation industrielle. Une autre mesure pourrait, dans certains secteurs comme ceux de la pharmacie ou de l'agroalimentaire, introduire une obligation de traçabilité au sein des chaînes globales de valeur pour pousser

---

1. Voir Haut Conseil pour le climat (2020), « Maîtriser l'empreinte carbone de la France », www.hautconseilclimat.fr, octobre ; Convention citoyenne pour le climat (2021), « Les propositions de la Convention citoyenne pour le climat », janvier.

à la relocalisation des activités. Aujourd'hui, la traçabilité, en raison des règles douanières européennes, est assurée par des organismes privés à l'initiative des entreprises elles-mêmes (par exemple le label «Origine France Garantie») et non par un organisme public ou parapublic. Cette absence d'organisme public réduit la visibilité de cette démarche. Par ailleurs, dans le cas de l'industrie pharmaceutique, souvent présentée comme essentielle à la souveraineté sanitaire, l'État pourrait, via les organismes de sécurité sociale, imposer un seuil minimum de production française ou européenne pour les médicaments remboursés.

Dans la même veine, un *Buy European Act* pourrait être instauré. Il s'agirait, comme pour le *Buy American Act* aux États-Unis, d'imposer aux acteurs publics d'acheter des produits fabriqués en Europe. Cette loi américaine votée en 1933 impose l'achat de biens produits sur le territoire américain pour les achats directs effectués par le gouvernement américain.

1.3. Trop financiarisées

La crise, par ses effets sanitaires, écologiques, économiques et sociaux, interroge l'organisation productive de notre économie et des entreprises, ainsi que les choix que font ces dernières en matière de qualité des biens et des services produits. Ces choix sont aussi déterminés par des objectifs financiers jusqu'à remplacer quelquefois les objectifs de productivité.

Car, malgré la crise sanitaire en cours, les grandes entreprises françaises ont décidé de généreusement rémunérer leurs actionnaires en 2021 en leur versant 52 milliards d'euros de dividendes, soit un rebond de 42 % par rapport à l'année précédente[1]. Leur priorité est avant tout de satisfaire leurs actionnaires pour qui, depuis plusieurs décennies, la performance financière constitue le seul critère de choix de leurs placements. Avec la valeur actionnariale, c'est la répartition et la destination des profits qui se jouent. Vont-ils aller financer les investissements nécessaires à l'entreprise pour continuer à produire des biens et des services ou vont-ils lui servir à verser des dividendes et à racheter ses propres actions pour augmenter les cours boursiers et offrir les rendements attendus par les actionnaires ? La dynamique de financiarisation de l'entreprise affecte donc non seulement sa production, mais également son périmètre, la place des salariés en son sein, l'adoption de l'externalisation et de la sous-traitance, son rapport à son environnement, bref sa raison d'être. L'objectif de l'entreprise ne doit pas être la valeur actionnariale !

L'aspiration est forte aujourd'hui pour repenser l'organisation des modes de production et le partage des richesses, pour stopper la dégradation de l'écosystème, et imaginer un autre monde où chaque personne puisse

---

1. Bouchaud B., *Les Échos* (2021), « Les grandes entreprises françaises devraient verser 52 milliards d'euros de dividendes en 2021 », 1er mai.

avoir un travail qui lui permette de vivre et de vieillir de façon décente. Les critères sociaux et environnementaux doivent guider les priorités des entreprises. Ces dernières devraient produire des bilans qui permettent de juger immédiatement de leur situation vis-à-vis des émissions de gaz à effet de serre et de leur engagement dans la transition[1]. Les politiques publiques doivent activement contribuer à la réalisation de ces objectifs, notamment la transition *low-carbon,* en conformité avec le programme pour l'horizon 2030 établi par la COP 21 en 2015.

Mais c'est loin de la réalité. La Banque centrale européenne (BCE) accepte, comme garantie, des titres liés à des investissements non soutenables écologiquement. En rachetant des titres de la dette sans regarder leur qualité, la BCE finance abondamment les entreprises qui contribuent fortement au réchauffement climatique. Ainsi, 63 % des titres achetés dans le cadre du CSPP[2] ont financé des entreprises opérant dans les secteurs économiques les plus émetteurs de gaz à effet de serre (GES): production et distribution d'énergies fossiles, secteur automobile[3], etc. Enfin, une récente étude de l'ONG Reclaim Finance révèle que la BCE a

1. Voir les propositions de la Convention citoyenne pour le climat.
2. *Corporate Sector Purchase Program* (CSPP) est le programme de rachats des titres d'entreprise.
3. Voir la note de l'Institut Veblen et Positive Money Europe disponible à https://www.veblen-institute.org/Rapport-Aligner-la-politique-monetaire-sur-les-objectifs-climatiques-de-l-Union.html.

financé 38 entreprises du secteur des énergies fossiles[1]. À l'inverse, les secteurs contribuant à la transition écologique sont peu représentés : « Les obligations vertes et les transports ferroviaires représentent ensemble environ 7 % du portefeuille[2]. »

Introduire des critères sociaux et environnementaux dans le processus de sélection des obligations achetées par la BCE est indispensable[3], mais insuffisant, il faut aller plus loin. En effet, même en introduisant ces critères, seules les grandes entreprises auraient un accès au financement de la BCE, car elles seules sont en capacité d'émettre des obligations. Or, il faut également favoriser fortement le financement des PME qui respectent les objectifs sociaux et écologiques décidés démocratiquement. C'est pourquoi la BCE doit financer également les banques d'investissement nationales et, en France, la Banque publique d'investissement (BPI), chargées de mettre à disposition des PME les crédits dont elles ont besoin. En somme, faire en sorte que les liquidités injectées par la BCE trouvent le chemin vers les productions écologiques et sociales sur les territoires.

---

1. Https://reclaimfinance.org/site/le-sale-quantitative-easing-de-la-bce/.
2. Note de l'Institut Veblen et Positive Money Europe (2019), *op.cit.*
3. En juillet 2021, la BCE a annoncé qu'elle allait sortir de sa « neutralité de marché » et soumettre à conditions le refinancement des banques afin de s'engager contre le réchauffement climatique.

2. Penser une autre manière de produire ensemble

Produire des biens et des services, quelles que soient leurs qualités, exige deux éléments indissociables et articulés de manière cohérente : une organisation sociale du travail et un système technique de production. Tout au long de ce livre, nous montrons combien ce couple de l'organisation sociale du travail et du système technique détermine simultanément la qualité des biens et des services produits, la division plus ou moins hiérarchisée du travail et la répartition du produit du travail (hiérarchie des salaires, partage entre les parties prenantes de la production, part de l'investissement). Les logiques sectorielles font apparaître de fortes différences de ces couples productifs, mais on constate que tous tendent vers une même direction : un développement des systèmes techniques, en particulier la numérisation des processus de production, une plus forte division du travail, corollaire d'une normalisation, et une standardisation des tâches.

L'organisation du travail et son système technique ne sont pas dictés par la pure rationalité. Ils sont un rapport social de production fondé sur une représentation de ce que nous devons produire. Mais ce rapport social de production est aussi traversé par des conflits de sens et d'intérêt.

La qualité des produits est déterminée par ce rapport social de production particulier du capitalisme qui opte toujours pour la puissance productive au détriment de toute autre considération. Par exemple, la qualité des denrées alimentaires[1] est directement déterminée par l'organisation du travail et le système technique mis en œuvre. Il est évident qu'une tomate produite par l'agriculture industrielle avec beaucoup d'intrants chimiques, des moyens techniques mécanisés et puissants, beaucoup de conditionnement et de transports et peu de travail humain n'aura pas la même qualité qu'une tomate biologique produite au sein d'une AMAP et distribuée en circuit court. C'est le discours fallacieux des industriels de l'agro-industrie que de tenter de nous faire croire qu'il s'agit exactement des mêmes tomates.

Il n'en est rien. Non seulement pour la tomate elle-même, mais surtout pour ce que coproduit la tomate industrielle en termes de déqualification et de précarité du travail, de dégradation de la biodiversité et d'émission de carbone. Les deux tomates, avec un nombre de calories similaire, n'ont pas le même goût social et écologique et probablement pas les mêmes effets sur la santé.

Mais peut-on étendre ce raisonnement à l'ensemble des secteurs d'activité et des biens et services produits ? Certainement. La logique capitaliste repose sur une maximisation de la productivité et du profit. C'est pour cette raison que les mêmes biens et services ont tendance à être produits, dans un système capitaliste,

1. Voir chapitre 1.

avec toujours plus de division du travail, de consommation d'énergie et de matière. Cette division grandissante du travail a comme corollaire la délocalisation de pans entiers des chaînes de production. On produit toujours des vêtements, mais avec plus de division et de normalisation du travail, de transports, d'énergie et de matière.

La bifurcation sociale et écologique que nous appelons demande de remettre en question l'industrialisation des modes de production pour que la bifurcation productive soit simultanément sociale et écologique.

3. LES PRINCIPES D'UNE BIFURCATION PRODUCTIVE

La bifurcation écologique et sociale appelle des changements institutionnels profonds des modes de production pour améliorer la qualité sociale et écologique des biens. Cela suppose pour l'ensemble de l'agriculture et de l'industrie un raccourcissement des chaînes de production actuellement étendues à l'ensemble de la planète. Ce raccourcissement implique d'une part une relocalisation des unités de production, mais aussi une réorganisation de la production dans un sens de la sobriété technologique et d'une simplification des organisations du travail, d'autre part. Les productions devraient être fondées sur des processus plus courts et plus locaux. Ces réorganisations ne pourront avoir lieu sans des transformations institutionnelles des cadres juridiques des entreprises.

3.1. L'entreprise au cœur de la bifurcation

Le développement économique pourrait dès lors s'inspirer des structures de l'économie sociale : les sociétés coopératives de production (Scop) ou les sociétés coopératives d'intérêt collectif (Scic) sont des structures au sein desquelles existent cette forme de partage du pouvoir et une finalité sociale. L'introduction dans la loi PACTE des entreprises à « mission » et à « raison d'être » se révèle très insuffisante. Avec cette loi, il s'agissait de permettre aux entreprises d'inscrire dans leurs statuts des objectifs autres que financiers afin d'orienter les stratégies de ces premières vers des finalités écologiques et/ou sociales. L'éviction d'Emmanuel Faber, ancien PDG de Danone, de son conseil d'administration, suite à l'attaque d'une minorité d'actionnaires dits activistes, montre clairement les fortes limites du statut institué par cette loi sans redistribution réelle du pouvoir.

Il faut soutenir le plus possible la création d'entreprises sous forme de Scop ou de Scic ainsi que la reprise sous ce statut d'anciennes entreprises classiques lors, par exemple, des fermetures d'usines pour raisons boursières, en particulier en leur permettant un meilleur accès au financement. Il faut ensuite démocratiser rapidement les entreprises classiques, dont les statuts ne mentionnent que les intérêts des propriétaires du capital.

La démocratie dans l'entreprise doit permettre à l'ensemble des parties prenantes de participer aux prises de décision, ainsi qu'à leur mise en œuvre. Ces parties prenantes incluent des acteurs internes à l'entreprise (travailleurs, propriétaires de l'entreprise), mais également externes (consommateurs, citoyens, associations ayant un intérêt dans le champ de l'entreprise, riverains, collectivités locales, etc.). Il s'agit de mettre en place des contre-pouvoirs réels au sein même de l'entreprise, de telle sorte qu'aucune partie prenante ne puisse imposer ses décisions à toutes les autres. Comment attribuer les différents droits de vote aux différentes parties prenantes ? Cela dépendra évidemment du type d'activités et de décisions à prendre. Cette répartition des pouvoirs doit résulter d'un débat démocratique.

En fonction de l'utilité sociale et/ou de l'impact environnemental d'une entreprise ou d'un secteur, il serait possible d'adapter cette répartition des pouvoirs. À titre d'exemple, le secteur automobile est un secteur à fort impact social et environnemental. Il produit des biens aujourd'hui essentiels en matière de mobilité, indissociables des politiques de transport collectif. Il est indispensable que participent fortement aux décisions de ce secteur les parties prenantes externes, dont les pouvoirs publics nationaux et locaux, les ONG environnementales, ainsi que les associations d'usagers des transports collectifs. En revanche, on comprend bien que la question ne se pose pas dans les mêmes termes pour une petite entreprise qui produit des chaussettes : dans ce cas, c'est davantage sur les parties prenantes internes qu'il faut s'appuyer, notamment en donnant davantage de poids aux salariés.

Pourquoi ne pas créer un comité social et écologique pour contrôler les finalités et les activités productives des grandes entreprises, avec droit de veto sur les décisions du conseil d'administration[1], dont la composition dépendra de la nature du secteur considéré ?

Une telle démarche contribuerait à, d'une part, limiter les hiérarchies de salaires[2] au sein des entreprises et, d'autre part, à limiter la division du travail, en particulier entre ceux qui conçoivent et dirigent et ceux qui exécutent le travail.

3.2. Limiter la concentration du capital

Cette redistribution des pouvoirs ne peut être envisagée sans une limitation de la concentration du capital productif. Certains secteurs, notamment ceux des commerces de proximité, sont presque entièrement composés de petites entreprises privées dont l'activité individuelle n'a pas d'impact sur les décisions politiques. En revanche, d'autres secteurs sont concentrés et composés d'entreprises privées de très grande taille

1. Pour plus de détails de ces débats sur la démocratisation des entreprises, voir Ferreras I. (2012), *Gouverner le capitalisme, pour le bicamérisme économique*, Paris, PUF.
2. La hiérarchie des salaires a explosé : en 2018, les patrons du CAC 40 gagnaient en moyenne 277 fois le SMIC. Battilana J., Cagé J., Ferreras I., Herzog L., Landemore H., Méda D., Tcherneva P. (2020), « Démocratiser pour polluer », *Le Monde*, 15 mai.

en mesure d'influencer les choix politiques. Les secteurs de l'audiovisuel ou du BTP en constituent une illustration. Afin de limiter le pouvoir politique de ces grandes firmes, une solution serait de fixer un montant maximum de capital productif – ou de titres lui donnant droit à une part proportionnelle de la richesse – pouvant être détenu par un individu[1]. Une telle mesure permettrait aussi de rééquilibrer les pouvoirs au sein de l'entreprise entre les gros détenteurs du capital et les petits actionnaires. Cette mesure ne serait efficace que si elle est accompagnée d'un partage des pouvoirs entre les différentes parties prenantes de l'entreprise.

À contre-courant des privatisations, la transition doit aussi s'inscrire dans le développement de «communs», c'est-à-dire de formes d'organisation construites et gérées par les parties prenantes dans l'intérêt collectif. Les secteurs à grande utilité sociale et/ou impact environnemental doivent échapper aux formes de propriété publique ou privée qui ne garantissent pas une gouvernance démocratique: la Poste ou la SNCF ne sont pas aujourd'hui des modèles de gestion que nous défendons. Leur fonctionnement ressemble de plus en plus à celui des grands groupes privés focalisés sur la rentabilité et le profit. L'enjeu est ici de construire les modes de réappropriation du capital non sous la forme

---

1. Précisons que notre argumentation porte sur le capital productif et non sur le capital en général. La propriété d'une résidence principale, d'une voiture... ne constitue pas, par exemple, un capital productif.

de nationalisation (une appropriation publique en vue d'une gestion centralisée), mais sous celle d'un contrôle social de l'entreprise (une appropriation publique avec répartition « démocratique » des pouvoirs entre les parties prenantes).

3.3. Low-tech

Cette refondation de l'entreprise doit aussi permettre de réorienter les techniques de production vers la sobriété technologique ou *low-tech*. À ce titre, la coopérative L'Atelier Paysan est exemplaire[1]. L'agriculture 4.0 qui promet de verdir l'agriculture intensive et productiviste à base de drones et de high-tech est une impasse écologique et sociale. En effet, cette agriculture technologique pousse les exploitants à investir dans des technologies coûteuses et complexes dont la rentabilité est incertaine. L'endettement issu de ces investissements pousse ces agriculteurs au productivisme et au gigantisme pour tenter d'assurer des revenus à la hauteur de leur endettement. Face à cette impasse, l'objectif de cette coopérative est d'assurer l'autonomie technologique des paysans engagés dans l'agroécologie. Il ne s'agit pas de renoncer à la technologie, mais au contraire de concevoir de nouvelles machines moins lourdes et moins complexes, réparables localement

---

1. L'Atelier paysan (2021), *Reprendre la terre aux machines : manifeste pour une autonomie paysanne et alimentaire*, Paris, Seuil ; voir leur site www.latelierpaysan.org.

par les paysans eux-mêmes et sobres en matériaux et énergies. Il ne s'agit pas de moins d'innovations, mais d'innovations orientées vers des valeurs sociales et écologiques[1]. Plus généralement, la sobriété technologique sera nécessaire dans l'ensemble de l'industrie, en favorisant les outils et moyens de productions proportionnés aux tailles des collectifs de travail, de fabrication plus simple et locale, réparables, durables et sobres en énergies fossiles.

La numérisation de l'industrie ne va donc pas dans le bon sens. La démonstration de la matérialité du numérique a déjà été amplement effectuée[2]. Cette numérisation favorise aussi considérablement la division et l'exploitation du travail selon le bon mot de Marc Andreessen, fondateur du navigateur Web pionnier Netscape au début de l'aventure numérique de la Silicon Valley. Il divisait le monde en deux: «ceux qui diront aux ordinateurs quoi faire, et ceux à qui les ordinateurs diront quoi faire». On est loin de la fin du travail. Cette numérisation de l'industrie, dont le déploiement de la 5 G, en est un symptôme. L'intelligence artificielle (IA) n'est pas neutre socialement. Elle ne peut être produite et maintenue qu'à la condition d'un développement d'un prolétariat du clic qui alimente jour et nuit en données formatées et enrichies les IA pour les rendre

1. Voir Tordjman H. (2021), *La Croissance verte contre la nature. Critique de l'écologie marchande*, Paris, La Découverte.
2. Dubey G. et Jouvancourt P. (de) (2018), *Mauvais Temps: anthropocène et numérisation du monde*, Bellevaux, Éditions Dehors.

pertinentes. Ces travailleurs sous-payés sont situés principalement en Afrique et en Asie, mais il existe près de 260 000 travailleurs du clic en France[1].

Toutes ces raisons montrent que la bifurcation productive, si on veut qu'elle soit écologique et sociale, devra être *low-tech* et plus locale. Elle devra aussi s'orienter vers des systèmes de production moins vastes et plus locaux. D'une part, il est nécessaire de penser le plus possible la production dans ce cadre d'une «économie circulaire» territoriale pour diminuer le plus possible les déchets par le recyclage, mais surtout par la réparation et le réemploi. Enfin, il faut produire le plus possible sur le territoire pour le territoire et avec les ressources du territoire, appliquer et mettre en œuvre la notion de «circuits courts» issus de l'agriculture au secteur industriel.

4. Les conditions politiques du basculement

Cette bifurcation vers un système productif capable de réaliser une transition à la fois écologique, juste et émancipatrice n'est possible qu'en remettant en cause un certain nombre de dérives : la financiarisation de nos économies qui fait de l'accumulation des profits la boussole des entreprises, une mondialisation essentiellement construite sur une division internationale du travail qui met en concurrence les travailleurs

1. Casilli A. (2019) *En attendant les robots, enquête sur le travail du clic*, Paris, Seuil.

et affaiblit les systèmes de protection sociale et une concentration des richesses et du capital qui atteint des niveaux inégalés.

D'autres manières de produire sont possibles, pour l'indispensable bifurcation écologique et sociale : elles doivent emprunter à l'économie sociale et solidaire une nécessaire gouvernance démocratique et à la notion de communs le caractère primordial de l'intégration des différentes parties prenantes. Elles renvoient aux débats essentiels sur la propriété du capital productif et à sa concentration, notamment dans les secteurs à fort impact écologique et/ou social. Elles appellent enfin à repenser la nature même de l'outil productif et les formes d'innovations pour privilégier une certaine forme de sobriété, l'usage des *low-tech* et une relocalisation des activités.

Cette perspective, souvent décrite par la droite comme une économie punitive, doit au contraire être considérée comme enthousiasmante : elle privilégie les relations sociales sur l'accumulation de biens matériels, et le bien vivre sur le productivisme. Il faudra néanmoins une volonté politique forte et une capacité de conviction certaine pour mobiliser autour d'un tel projet dans un contexte où les acteurs politiques et médiatiques restent largement influencés par ceux qui détiennent le pouvoir associé à la détention du capital.

CHAPITRE 7

Travailler ensemble

ANNE EYDOUX, JEAN-MARIE HARRIBEY, DANY LANG
ET STÉPHANIE TREILLET

La transition vers une société sobre et écologique, dont nous avons souligné l'urgence, pose clairement les questions du travail et de l'emploi, et plus précisément celles du développement d'un travail vraiment utile et d'un emploi de qualité. La période de transition vers une telle société se caractérisera probablement par une hausse temporaire et significative du niveau de l'emploi, car les chantiers sont aussi nombreux qu'urgents. La question de l'établissement d'une situation de plein emploi permanent et de qualité se pose néanmoins dès à présent, face à l'échec de quatre décennies de néolibéralisme qui ont installé chômage de masse, réduction du temps de travail subie et perverse (par les contrats à temps partiel contraint, subi surtout par les femmes), et multiplié les *bullshit jobs*, pour reprendre une expression de David Graeber[1]. Cette même question se posera

---

1. Graeber D. (2018), *Bullshit Jobs*, Paris, Les Liens qui libèrent.

encore à l'avenir, où il faudra travailler moins pour travailler mieux, tout en assurant un emploi à toutes et à tous dans une activité en lien avec leurs aspirations et répondant aux besoins sociaux.

La coexistence d'un chômage et d'un sous-emploi de masse et de besoins sociaux insatisfaits est l'une des caractéristiques du régime d'accumulation actuel, un régime d'accumulation financiarisé. Comme l'a cruellement montré la pandémie de Covid-19, les besoins insatisfaits n'ont jamais été aussi nombreux, partout : dans l'éducation, la santé, la prise en compte de la vieillesse et de la perte d'autonomie, la petite enfance, la restauration des espaces verts, la culture, la transition écologique. L'État comme les mécanismes de marché semblent ainsi impuissants à répondre aux besoins sociaux de manière adéquate dans les cadres existants.

En parallèle, le chômage de masse obère l'avenir et en premier lieu celui des jeunes générations, qui sont les plus touchées par ce mal endémique. La Stratégie européenne de l'emploi, déclinée en France comme dans les autres pays européens, prétend lutter contre ce mal par des réformes structurelles néolibérales, c'est-à-dire en mettant à mal l'indemnisation du chômage, en affaiblissant les syndicats et en facilitant les licenciements pour le plus grand profit des actionnaires. En France, après des décennies de création d'emplois atypiques, la loi El Khomri et les ordonnances du président Macron ont précarisé les emplois en CDI, tout en continuant à favoriser la création d'emplois de mauvaise qualité, et de contrats à temps partiel contraint. Parallèlement, la pression sur les actifs en emploi s'est accrue – avec, entre autres conséquences, l'augmentation des risques psychosociaux et de la souffrance au travail.

Besoins insatisfaits partout, emploi de qualité presque nulle part : ce paradoxe du néolibéralisme n'est pas une fatalité, mais résulte de choix politiques délibérés. Face à cette situation, nous ne sommes pas désarmés. Mais son renversement exige une radicalité qui touche à l'organisation de la base matérielle de la vie en société : l'organisation du travail. Sa remise en question est d'autant plus importante que se mettent en place de nouvelles pratiques à la faveur de ce qu'il est convenu d'appeler la révolution numérique. Ces bouleversements rendent encore plus nécessaire de satisfaire la plus vieille revendication ouvrière et la moins acceptable par le capitalisme : la réduction du temps de travail selon des modalités choisies et pour tous. Ils rendent aussi nécessaire de garantir l'emploi.

« Pendant longtemps encore, le vieil Adam sera toujours si présent en nous que chacun aura besoin d'effectuer *quelque* travail pour être satisfait. […] Nous nous efforcerons […] de faire en sorte que le travail qui restera encore à faire soit partagé entre le plus grand nombre possible. Des postes de trois heures par jour ou de quinze heures par semaine reporteront le problème pour un long moment. Car trois heures par jour suffiront amplement à satisfaire le vieil Adam chez la plupart d'entre nous[1]!»

1. LE TRAVAIL À L'ÈRE DU NUMÉRIQUE

La révolution numérique permet au capitalisme de parachever les transformations qu'il a introduites depuis près d'un demi-siècle de néolibéralisme. Affaiblissement des normes sociales et du droit du travail, gestion de la main-d'œuvre par le stress et l'individualisation de la relation employeur-travailleur, fragmentation du salariat parallèle à l'éclatement de la «chaîne de valeur», division du travail pour mettre en concurrence les travailleurs du monde entier, tels sont les nouveaux outils de gestion de la force de travail au moment où se répandent le numérique, la robotique et ladite intelligence artificielle.

Quelles vont en être les conséquences demain sur le nombre d'emplois, sur l'évolution de la productivité du travail et sur le partage de la valeur ajoutée et du pouvoir dans l'entreprise?

Les études sur l'évolution quantitative probable de l'emploi sont très incertaines. Les unes prédisent une réduction de près de moitié des emplois dans les pays capitalistes développés au cours des prochaines

1. Keynes J. M. (2018), «Perspectives économiques pour nos petits-enfants», 1930, dans *La Pauvreté dans l'abondance*, Paris, Gallimard, p. 114.

décennies (47 % des salariés états-uniens concernés[1]). En revanche, l'OCDE aboutit à une évaluation bien inférieure. Mais elle fait quand même état de la probabilité de voir disparaître 14 % des emplois à cause de l'automatisation, auxquels s'ajoutent 32 % de plus pour d'autres causes[2]. Toutefois, on ne peut écarter l'idée que ces études comporteraient des biais méthodologiques qui entacheraient leurs résultats : notamment parce qu'elles sont des extrapolations à l'ensemble de l'économie de réalités constatées sur tel ou tel poste de travail[3]. À ce stade, il faut donc surtout retenir que c'est la structure des emplois qui connaîtra vraisemblablement la plus grande modification, davantage que le nombre d'emplois.

De son côté, France Stratégie insiste sur la vulnérabilité des travailleurs employés dans les professions les plus difficiles et les moins bien rémunérées :

> « Les métiers que l'on peut qualifier de "vulnérables de toujours" conjuguent une difficulté à travailler à distance et des statuts souvent précaires (un sur cinq exerce en CDD ou en intérim). Ces 4,2 millions de travailleurs, majoritairement des hommes, artisans et ouvriers de l'industrie et du bâtiment, sont

---

1. Frey C.B. et Osborne M. A. (2013), « The future of employment : How susceptible are jobs to computerisation ? », 17 septembre.

2. OCDE, *L'Avenir du travail, Perspectives de l'emploi de l'OCDE 2019, Éléments marquants*, 2019, p. 15.

3. Cf. Husson M. (2018), « Numérique, emploi, organisation du travail et émancipation », sur Fédération CGT des sociétés d'études, YouTube, 8 juin, https://www.youtube.com/watch?v=BS3Tk5a6JR4.

traditionnellement confrontés à des conditions de vie et de travail difficiles. […] Les 10,4 millions de professionnels directement ou indirectement sur le "front" sont ceux dont les activités apparaissent essentielles dans cette crise. Ce sont tous les métiers de la santé, de l'éducation, de la propreté, de l'alimentaire et de sa distribution, et les professions régaliennes. Peu fragilisés économiquement, ils n'en sont pas moins exposés à une vulnérabilité d'ordre sanitaire par leur contact direct avec le public pour les trois quarts d'entre eux. Parmi les plus mal rémunérées et davantage occupées par des femmes, ces professions sont exposées à une intensification du travail[1]. »

Dans une période où la croissance de la productivité du travail n'a jamais été aussi faible[2], le capitalisme numérique entend contourner ce problème en substituant au face-à-face travailleur-client une organisation où le client est constitué de données gérées par des algorithmes. Cédric Durand en conclut que s'installe un régime de « rente de l'intangible »[3].

Par définition, la rente ne peut pas pallier indéfiniment l'insuffisance de croissance de la productivité du

1. Flamand J., Jolly C., Rey M. (2020), « Les métiers au temps du corona », France Stratégie, Note d'analyse, n° 88, avril.

2. Voir The Conference Board Total Economy DatabaseTM Summary Tables (avril 2021).

3. Durand C. (2020), *Techno-féodalisme, Critique de l'économie numérique*, Paris, La Découverte, « Zones ».

travail. Qu'en sera-t-il de l'évolution de celle-ci si le télétravail se généralise dans l'économie, ou du moins s'il se répand dans tous les métiers où il sera possible? On n'en sait pas grand-chose aujourd'hui. Les rares études que l'on possède à ce jour ne permettent pas de conclure, même si la pratique du télétravail a connu un bond pendant les confinements dus à la crise sanitaire. Il semble que les gains de productivité constatés sont essentiellement dus à la diminution des temps de trajet domicile-travail, et donc à l'augmentation effective du temps de travail quotidien. Mais, en l'occurrence, il s'agit d'une augmentation de la productivité individuelle et non pas de l'augmentation de la productivité de l'heure de travail, qui est la seule mesure – toutes difficultés de mesure mises à part – de l'efficacité du processus de production. Le capitalisme peut-il compter là-dessus pour mettre un terme à sa difficulté de rentabilité du capital? Rien n'est moins sûr, tellement sa crise structurelle combine des contradictions sociales et écologiques. Il ne suffira pas sans doute d'économiser sur les mètres carrés d'espaces de travail pour rétablir une rentabilité compromise.

Pour beaucoup de sociologues du travail, comme Dominique Méda, l'ubérisation et l'auto-entreprenariat menacent la condition au travail et la condition du travail: «ce qui est inclus dans la relation salariale, c'est-à-dire notamment l'obligation d'assurer la santé et la sécurité de ses employés, faire respecter la durée du travail et payer les cotisations sociales»[1]. Pour le juriste Alain Supiot, «la révolution numérique s'accompagne de tentatives multiples pour promouvoir des formes de travail en deçà de l'emploi salarié»[2].

Il faut y ajouter, parmi les conséquences possibles de l'extension du télétravail dans le cadre de la révolution numérique, les pressions pour effacer la frontière entre vie privée et vie professionnelle, pressions par rapport auxquelles les femmes sont particulièrement vulnérables, comme l'ont montré les épisodes de confinement.

2. LA RÉDUCTION DU TEMPS DE TRAVAIL POUR L'EMPLOI ET UNE NOUVELLE RÉPARTITION DE LA VALEUR AJOUTÉE

Les politiques traditionnelles de l'emploi se partagent entre deux directions. Pour les politiques d'inspiration néolibérale, il s'agit d'accomplir des «réformes structurelles», essentiellement de baisser le coût du travail au nom de la compétitivité, de flexibiliser et précariser l'emploi, de diminuer les protections sociales, en faisant pression sur les demandeurs d'emploi pour qu'ils acceptent ce qu'on leur propose. Les politiques sociales-démocrates ou d'inspiration keynésienne, elles, font le pari de la croissance économique susceptible d'entraîner la création d'emplois. Les premières ont signé leur

1. Méda D. (2021), «Le salariat, ultime victime de la pandémie», *Le Monde*, 24 et 25 janvier.
2. Supiot A. (2021), «Le contenu et le sens du travail sont des exigences de justice sociale», entretien par Béchaux S. et Desriaux F. (2021), *Alternatives économiques*, 22 janvier.

échec depuis maintenant près de quatre décennies. Les secondes se heurtent à deux difficultés : les politiques publiques sont corsetées en Europe à l'intérieur de différents traités, comme le pacte dit cyniquement de « stabilité et de croissance » ou le Traité sur la stabilité, la coordination et la gouvernance ; et l'espoir de retrouver un jour une croissance forte de manière durable dans un contexte de crise écologique est irréaliste.

L'enjeu est de sortir de cette alternative désuète pour voir les potentialités d'une association entre un engagement dans la transition écologique, l'emploi garanti, et la réduction du temps de travail (RTT). Cette section examine la RTT sous trois angles : 1) comment poser le problème ? ; 2) l'enseignement de l'histoire sur le long terme ; 3) la RTT en situation de crise sanitaire.

2.1. Comment poser le problème ?

Le volume d'emploi est la résultante de l'interaction de trois variables que sont la production, la productivité horaire du travail et la durée individuelle moyenne du travail. Ainsi l'emploi est égal à la production divisée par la productivité du travail et par la durée du travail.

Si on raisonne en termes d'évolution instantanée, le taux de variation de l'emploi est égal au taux de variation de la production, diminué du taux de variation de la productivité horaire du travail et du taux de variation de la durée individuelle moyenne du travail.

Pour qu'il y ait croissance de l'emploi, la réduction du temps de travail doit être supérieure à l'écart entre la variation de la production et celle de la productivité horaire. Si la durée du travail reste constante, la croissance de la production crée de l'emploi si elle est supérieure à celle de la productivité individuelle. Une autre façon de dire la même chose est: la croissance économique ne crée de l'emploi que si elle est supérieure à la somme des variations de la productivité horaire et du temps de travail.

Sur l'indicateur productivité

L'analyse de l'évolution de l'emploi fait intervenir plusieurs variables en relation les unes avec les autres:

Variation de la production = variation de la productivité du travail × variation de l'emploi × variation de la durée du travail

D'où:

Variation de l'emploi = variation de la production / (variation de la productivité horaire du travail × variation de la durée du travail)

À l'intérieur de cette équation de l'emploi intervient la productivité horaire du travail. Or cet indicateur pose des problèmes méthodologiques de mesure qu'il convient d'avoir à l'esprit pour éviter des conclusions normatives trop hâtives.

On n'aborde pas ici les questions qui relèvent de la nature du PIB, qui a soulevé de nombreuses discussions:

cet agrégat est inadéquat pour apprécier le bien-être, mais c'est le seul dont on dispose pour mesurer la valeur monétaire produite[1].

Concernant la productivité, examinons trois points, avant de retourner aux égalités précédentes.

1) La productivité évaluée monétairement

Dès lors qu'on effectue une évaluation sur le plan de l'ensemble de l'économie, on est obligé de quitter une évaluation physique pour une évaluation monétaire de la production (au numérateur du rapport productivité). Comme sur l'ensemble de l'économie, la productivité du travail sera un indicateur moyen, son niveau et son évolution dépendront fortement de la pondération des différents secteurs de l'économie dans l'ensemble de celle-ci. Par exemple, l'une des causes du ralentissement des gains de productivité du travail dans le monde est certainement la part grandissante des activités de services qui connaissent des gains de productivité plus faibles que l'industrie.

2) La productivité et les salaires

La connaissance de l'évaluation de la production au prix du marché que nous avons est obtenue a *posteriori*

1. Voir Harribey J.-M. (2013), *La Richesse, la valeur et l'inestimable, Fondements d'une critique socio-écologique de l'économie capitaliste*, Paris, Les Liens qui libèrent, encadré p. 321-329; (2019), «De la productivité à la valeur: des problèmes de mesure ou de paradigme?», *in* Jany-Catrice F. et Méda D. (dir.), *L'Économie au service de la société: autour de Jean Gadrey*, Paris, Institut Veblen, Les petits matins, 2019, p. 129-138, http://harribey.u-bordeaux.fr/travaux/valeur/autour-de-gadrey.pdf.

sur la base de coûts de production augmentés d'un taux de marge. Mais, pour une production physique donnée, la valeur de cette production dépendra de celle de ses composantes. Ainsi, des salaires plus ou moins élevés se répercuteront dans une production plus ou moins élevée. Ce problème se révèle délicat dans plusieurs situations.

Très (trop) souvent, on explique le faible niveau de salaires dans une branche ou une entreprise par la faible productivité des travailleurs qui y sont employés. Or, on pourrait très bien voir dans la faible productivité qui apparaît un reflet des faibles salaires, puisque la valeur de la production est la somme de tous les coûts majorés du profit. Par exemple, le faible niveau des salaires féminins dans l'entretien ou le nettoyage n'est-il pas la cause plutôt que la conséquence de la faible productivité qui apparaît dans les calculs macroéconomiques[1]?

Le problème est encore plus criant dans les services non marchands. Par convention (et il ne peut en être autrement), leur valeur ajoutée nette est égale à la somme des salaires versés pour les produire. À l'évidence, plus ces salaires seront élevés, plus il apparaîtra une productivité du travail élevée.

L'année 2020 de confinement a montré une bizarrerie supplémentaire: les travailleurs confinés qui ne pouvaient travailler ont eu leurs salaires préservés par décision politique. Faut-il, à l'échelle globale, les compter comme productifs alors qu'ils s'étaient arrêtés de produire?

---

1. Voir Askenazy P. (2016), *Tous rentiers! Pour une autre répartition des richesses*, Paris, Odile Jacob, p. 137-145.

Un dernier cas peut illustrer cette difficulté méthodologique. Dans l'expérience des Territoires zéro chômeur de longue durée, les chômeurs embauchés sont affectés à des tâches de services, généralement locales, de proximité, répondant à de vrais besoins collectifs. Mais ils sont faiblement rémunérés, le plus souvent au niveau du SMIC. Le reproche parfois fait contre ce type d'expérience est d'étendre les emplois à faible productivité au lieu de consacrer les ressources publiques à promouvoir formation et éducation potentiellement plus productives. Mais le reproche, à nouveau, ne peut-il pas être inversé: la faible productivité enregistrée monétairement résultant des faibles salaires?

3) *La productivité ne mesure pas la qualité*

On arrive alors à une caractéristique qui découle de la construction des indicateurs économiques. Ceux-ci ne sont pas faits pour mesurer la robustesse des produits, ni la qualité des services rendus, encore moins le bien-être résultant de leur utilisation, de leur *usage*. On retrouve alors la distinction irréductible entre la valeur d'usage des marchandises et leur valeur d'échange, point nodal de l'économie politique, mais oubliée par l'économie néoclassique.

Ce problème est souvent mis en avant pour apprécier (évaluer?) la qualité de certains services, par exemple ceux dits du *care*. Il est évident que celle-ci ne peut être lue à travers un indicateur habituel de productivité. Mais, en réfléchissant bien, ce problème n'est pas propre à ce type de service. Si on regarde la productivité dans le secteur automobile, on va rapporter la quantité produite au volume de travail, mais jamais on ne se demande si cette mesure indiquera quoi que ce soit du service rendu par la voiture dans des embouteillages ou sur une route déserte.

Il s'ensuit, et c'est sans doute le plus important à repérer s'agissant des indicateurs économiques et de la productivité en particulier, qu'ils ne sont pas conçus pour mesurer la qualité d'une production, ni celle des conditions de travail. Pour ces dernières, il faudra se tourner vers d'autres approches complémentaires.

4) Emploi, production, productivité du travail et temps de travail

Si l'on revient à l'équation de l'emploi du début de l'encadré, il faut considérer l'interaction entre ces quatre variables. Les dissocier ferait perdre en qualité de l'analyse. Par exemple, à tout moment, le volume des heures travaillées se partage entre nombre d'emplois et durée individuelle moyenne du travail. Mais, pour comprendre l'évolution de l'emploi et agir en sa faveur, il faut considérer les quatre variables simultanément: pour qu'il y ait croissance de l'emploi, la réduction du temps de travail doit être supérieure à l'écart entre la variation de la production et celle de la productivité horaire du travail.

La question de savoir s'il faut continuer à promouvoir ou non une augmentation de la productivité du travail quand on souhaite simultanément sortir progressivement du productivisme et améliorer l'emploi pour réduire le chômage peut être examinée à la lumière de l'interaction entre ces variables. Ainsi, l'amélioration du contenu en emplois de la production est synonyme de diminution de la productivité individuelle du travail, toutes choses égales par ailleurs en termes de volume de production. Il est donc possible – sur le plan logique –, en diminuant la durée du travail individuelle, de réduire la productivité individuelle du travail sans réduire la productivité horaire.

2.2. L'enseignement de l'histoire sur le long terme

En prenant les données établies sur longue période pour la France, au cours des XIXe et XXe siècles[1] :

– la productivité horaire du travail, tous secteurs confondus, a été multipliée par un facteur d'environ 30 ;

– la production globale a été multipliée par un facteur de 26 ;

– le temps de travail individuel moyen a été divisé par 2 (multiplié par 0,5) ;

– le nombre d'emplois a été multiplié par 1,73 environ, c'est-à-dire a augmenté de presque trois quarts, la

---

1. Marchand O. et Thélot C. (1991), *Le Travail en France (1800-2000)*, INSEE, Études ; Maddison A. (1995) ; *L'Économie mondiale, Analyse et statistiques*, OCDE ; Villa P. (1997), *Séries macroéconomiques historiques, Méthodologie et analyse économique*, INSEE-Méthodes, nos 62-63, mars.

population active employée passant d'environ 13 millions au début du XIXᵉ siècle à 23 millions à la fin du XXᵉ.

Donc, sur le long terme, on n'a pu créer des emplois pour absorber l'augmentation de la population active que parce que la durée du travail a diminué plus fortement que l'écart qui sépare l'évolution de la productivité horaire et celle de la production.

En se concentrant uniquement sur le XXᵉ siècle au cours de la période qui a suivi la Première Guerre mondiale, Michel Husson dresse le bilan suivant : « Entre 1919 et 2017, le PIB a été multiplié par 13, tandis que la productivité horaire l'a été par 15, de telle sorte que le volume de travail (le nombre d'heures travaillées) a baissé de 12 %. Néanmoins, l'emploi a augmenté de 41 %, et cela n'a été possible que par un partage du volume de travail, grâce à une baisse de la durée annuelle du travail de 37 %, solution, encore et toujours, à la création d'emplois et à la baisse du chômage[1]. »

Tout récemment, l'INSEE a établi que, au premier trimestre 2019, les créations d'emplois avaient été nombreuses en France, malgré une croissance faible. Le contenu de la production en emplois a donc augmenté, mais pas la productivité du travail[2].

---

1. Husson M. (2019), « L'obscur mystère des 35 heures expliqué », *Alternatives économiques,* 12 mars ; Treillet S. (2017), « La question du temps de travail toujours au cœur de l'affrontement social », *Les Possibles,* n° 14, été.

2. INSEE, Note de conjoncture du 8 septembre 2019.

L'année 2020 a été riche d'enseignements. Le gouvernement français a mis en place lors du premier confinement un financement des salaires des travailleurs mis à l'arrêt ou en activité partielle. Ce qui a été nommé chômage partiel était en réalité une réduction du temps de travail à grande échelle sur un laps de temps prévu au départ pour une courte durée. Il s'ensuit que l'activité a été réduite d'environ 8 % sur l'ensemble de l'année, que le volume d'heures travaillées a diminué de 6 % à 7 %. À productivité horaire inchangée, le nombre d'emplois aurait dû se réduire d'autant et le chômage bondir dans les mêmes proportions. Or, cela n'a pas été le cas : l'emploi n'a diminué que de 1,4 % à 1,5 %. La RTT a donc parfaitement joué son rôle : ici, pour cause de forte récession, non pas pour accroître l'emploi, mais pour éviter son effondrement. Dans sa note du 9 mars 2021, l'INSEE confirme la baisse de 1,12 % de l'emploi salarié en décembre 2020 par rapport à décembre 2019[1].

En croisant les rapports de l'Organisation internationale du travail, de la DARES et du gouvernement français présentant la loi de finances pour 2021, on lit que la productivité par tête diminuerait en France, en 2020, de 8,3 % (× 0,917), le PIB diminuerait de 10 % (× 0,9), l'emploi diminuerait de 2,7 % (× 0,983) et le nombre d'heures diminuerait par le biais du chômage partiel (c'est-à-dire de cette forme inédite

1. INSEE, «Au quatrième trimestre 2020, l'emploi salarié marque le pas», 9 mars 2021.

de RTT) de 6,8 % (× 0,932)[1]. Clairement, baisser le temps de travail diminuera l'emploi moins vite que la production.

Enfin, si on effectue une comparaison entre le taux de chômage et la proportion d'emploi à temps partiel (autre nom de la RTT, sous une forme non souhaitable, car cantonnée à une catégorie de salariés, surtout des salariées) dans les pays européens, on constate que le taux de chômage est d'autant plus faible que l'emploi à temps partiel est développé. Cette corrélation inverse ne doit pas être interprétée comme une causalité car d'autres facteurs explicatifs interviennent certainement, notamment d'ordre socio-institutionnel.

---

1. Calculs des auteurs à partir des données de : OIT, «Observatoire de l'OIT : le Covid-19 et le monde du travail. Sixième édition, Estimations actualisées et analyses», 23 septembre 2020 ; DARES, «Activité et conditions d'emploi de la main-d'œuvre pendant la crise sanitaire Covid-19», Synthèse des résultats de l'enquête flash, avril 2020 ; Gouvernement, «Rapport économique, social et financier, Perspectives économiques et des finances publiques», Annexe au projet de loi de finances pour 2021, 2020.

**Proportion de l'emploi à temps partiel
et taux de chômage en 2019 (en %)**

	Emploi partiel E	Chômage C
Allemagne	25,9	3,2
Autriche	25,7	4,5
Belgique	24,5	5,4
Danemark	20,9	5
Espagne	14,2	14,1
Finlande	13,8	6,7
France	17,3	8,5
Grèce	9	17,3
Italie	18,7	10
Irlande	18,1	5
Luxembourg	16,5	5,6
Pays-Bas	46,8	3,4
Portugal	7,9	6,5
Suède	20,9	6,8
UE à 27	17,8	6,5
UEM	20,9	7,3
RU	23,9	3,8
Suisse	39,1	3,9

Source : Eurostat (2020)[1]

D'autres formes de réduction collective du temps
de travail sont en revanche bien préférables, car moins
inégalitaires : la diminution de la durée hebdomadaire
ou annuelle du travail ou sur l'ensemble de la vie active

1. Https://ec.europa.eu/eurostat/databrowser/view/tesem100/
default/table?lang=fr.

(congé formation, retraite) pour toute la population active (voir encadré). Pendant la crise sanitaire, c'est une autre forme de réduction du temps de travail qui a prévalu: le chômage partiel, avec pour objectif de protéger l'emploi. Le président délégué du Conseil d'analyse économique, Philippe Martin, le reconnaît: «Une personne en chômage partiel permet de préserver environ 0,2 emploi[1].» Certes, le chômage partiel est une forme de temps partiel uniquement temporaire, mais la durée du travail est bien un enjeu crucial selon les modalités qu'elle revêt.

L'enjeu des modalités de la réduction de la durée du travail

Les comparaisons entre pays européens montrent que, sur la base de données chiffrées équivalentes en termes de gains de productivité ou de taux de croissance, la réduction de la durée du travail peut s'effectuer selon des modalités dont les conséquences seront bien différentes, voire opposées, en termes de qualité de l'emploi, d'inégalités sociales, et notamment d'inégalités entre hommes et femmes.

Dans plusieurs pays où le temps partiel est très présent, c'est sur un mode d'inégalité de genre très importante que la réduction s'est effectuée. C'est le cas de sociétés où le modèle de «l'homme gagne-pain»

---

1. Cité par Besse Desmoulières R. et Bissuel B. (2020), «Polémique autour d'une réduction progressive du dispositif», *Le Monde*, 20 mai.

continue à prévaloir, même s'il fait l'objet de remises en cause, et où les modes de garde des jeunes enfants sont très peu développés. Certes, il convient de distinguer les modes de temps partiel très courts et très précaires, qui dominent par exemple en Grande-Bretagne, d'un temps partiel plus long et assorti de meilleures garanties, qui concerne aussi une partie des hommes, comme aux Pays-Bas. Mais ces exemples ont en commun de montrer que le «partage» du travail peut se faire sur un mode inégalitaire où la norme d'emploi des femmes n'est pas l'emploi à temps plein.

En France, les femmes sont entrées dans l'emploi salarié à temps plein à partir des années 1960. Le temps partiel n'a historiquement pas constitué pour elles un sas de sortie de l'inactivité, comme ce fut le cas dans plusieurs pays d'Europe. Il a fallu toutes les politiques menées par les gouvernements successifs à partir du début des années 1980, et notamment les exonérations de cotisations patronales, destinées à encourager les créations d'emplois à temps partiel, pour arriver à une situation où environ 30 % des femmes salariées occupent aujourd'hui un emploi à temps partiel, le plus souvent contraint. Le temps partiel au SMIC est la première cause de la pauvreté au travail de nombreuses femmes.

Tout cela permet d'examiner lucidement la volonté de discréditer les 35 heures, qui furent la dernière étape en date de RTT en France. Alors que toutes les études convergent pour estimer que l'application des deux

lois dites Aubry de 1998 et 2000 a permis de créer environ 350 000 emplois[1], la plupart des commentateurs et
le patronat continuent de dire pis que pendre de ces
mesures. Or, il faut rappeler au moins deux choses.
Premièrement, si le nombre d'emplois créés est très
inférieur à ce qui était espéré, cela tient avant tout
à la disparition dans la seconde loi Aubry de l'obligation de créer au moins 6 % d'emplois pour pouvoir bénéficier des aides publiques relatives à la RTT.
Deuxièmement, l'État s'est révélé en l'occurrence très
mauvais employeur en n'appliquant pas à lui-même
ses propres lois. Les personnels de l'hôpital public en
savent quelque chose, car l'intensification de leur travail
et la réduction du nombre de postes ne sont pas étrangères à la crise de notre système hospitalier. Donc, cela
n'a rien à voir avec les méfaits supposés de la RTT, mais,
au contraire, tout avec le refus de cette RTT et la volonté
d'intensifier le travail de ceux qui ont déjà un emploi.

2.3. La RTT dans la situation de crise sanitaire

Lorsque le gouvernement a décidé de mettre en chômage partiel les salariés, le Medef a immédiatement
applaudi en sachant que l'État prenait à sa charge les
salaires à au moins 70 %. Mais son président, Geoffroy
Roux de Bézieux, a déclaré dès le 9 avril 2020 : « Il faudra
bien se poser la question des RTT et des congés payés ».

1. INSEE (2004), *Économie et statistique*, n°s 376-377.

Au même moment, l'Institut Montaigne a publié un mémorandum sur le temps de travail, intitulé «Rebondir face au Covid-19: l'enjeu du temps de travail»[1], une plaidoirie «en faveur d'un soutien aux entreprises qui souhaitent accroître le temps de travail, sans sacrifier la question de sa rémunération. [...] L'idée consiste à inciter à l'accroissement du temps de travail sans pour autant que la rémunération supplémentaire correspondante ne soit versée immédiatement par les entreprises», en supprimant «une dizaine de jours de RTT pour les cadres de la fonction publique, sans compensation salariale obligatoire». En effet, il s'agit de «compenser partiellement la perte de productivité liée aux mesures de protection contre le virus et la désorganisation provisoire des chaînes de production: une partie de la perte de productivité horaire doit ainsi pouvoir être compensée par une hausse de la durée du travail». Et, par crainte que le gouvernement n'établisse ou ne rétablisse des «impôts habilement agrémentés du qualificatif de "solidarité", il pourrait être pertinent de financer une partie de cet effort par un surcroît de travail qui doperait l'activité, donc les recettes publiques. Autrement dit, l'impératif de solidarité pourrait se traduire par un effort sur la quantité de travail, qui viendrait amoindrir les hausses trop prévisibles de pression fiscale».

L'offensive du patronat est donc prête à être mise en œuvre. Dès que le soutien de l'État aux entreprises

---

1. Institut Montaigne, Note de mai 2020, rédigée par Martinot B.

s'épuisera et que les salaires cesseront d'être pris en charge, le coût du travail redeviendra l'antienne favorite. Et le temps de travail risque d'être la variable d'ajustement de sortie de crise. Cela signifie, dans l'esprit du Medef, que la reprise de l'activité se traduira au mieux par un retour au niveau de l'emploi d'avant-crise, au pire par une réduction de celui-ci au prorata de la hausse de la durée du travail que les entreprises réussiront à imposer dans cette période, par exemple en arrachant un *deal* « augmentation des heures pour le même salaire contre sauvegarde des emplois ».

La bataille pour la RTT est-elle pertinente, au vu de la crise, et ce dès aujourd'hui? À n'en pas douter. Dans les entreprises privées, le chantage à l'emploi, pendant que les plans sociaux se multiplieront, sera fréquent. Dans le secteur public, l'amélioration des conditions de travail et l'augmentation des emplois sont urgentes, au vu du dénuement dans lequel la pandémie a frappé les services publics hospitaliers et éducatifs notamment.

Au final, la lutte qui oppose emploi et salaires aux dividendes peut trouver dans la RTT une porte de sortie. Cela d'autant plus que les inégalités de revenus restent très importantes. Et il est vrai que la mise en œuvre de la RTT soulève la question de la répartition primaire, c'est-à-dire le partage de la valeur ajoutée entre salaires et profits.

Quelle pourrait être l'ampleur de la RTT au cours de la phase de sortie de la crise due à la pandémie? Puisque la durée effective du travail en France est de 39,1 heures hebdomadaires[1], ramener la durée effective à la durée légale pourrait être une première étape. Ceci passe par un renchérissement des heures complémentaires, dont la rémunération doit augmenter significativement avec le nombre d'heures effectuées. Une réduction suivante pourrait être de l'ordre de 10 %, sous des formes variées (semaine, année, totalité de la vie active) et par une interdiction du temps partiel imposé. À cet égard, les luttes sociales contre le recul de l'âge de la retraite et/ou l'allongement de la durée de cotisation sont un enjeu crucial concernant la durée du travail. Le droit des personnes salariées à temps partiel à obtenir un temps complet, celui d'un congé de paternité suffisamment long et obligatoire (auquel s'oppose le patronat) sont des enjeux d'actualité.

Ce partage du travail en vue de la création d'emplois supposerait un financement par une réduction des inégalités de revenus et même de salaires. De quelle ampleur ? Les deux graphiques ci-dessus peuvent suggérer une piste de réflexion : on voit que les inégalités de revenus et de salaires deviennent très fortement croissantes à partir du huitième décile de la répartition. Pour les salaires, cela correspond à un salaire mensuel net compris entre 3 000 et 4 000 euros (environ 3 fois le SMIC). Une échelle de salaires de 1 à 4 couvrirait plus

1. INSEE (2016), Enquête emploi.

de 90 % des salariés. Donc seuls 5 à 10 % des salariés dépassent ce seuil. Cette faible étendue pour réduire les inégalités implique de regarder alors du côté des revenus : l'explosion des inégalités, via les revenus financiers, obligera à une politique de restriction des dividendes. Cela signifie la remise en cause du pouvoir exclusif des actionnaires à l'intérieur des conseils d'administration des sociétés. Le droit du travail ne peut plus être le parent pauvre du droit de propriété. La productivité du travail est avant tout un bien collectif (voir l'encadré sur les indicateurs).

Distribution des revenus moyens des ménages français en 2015

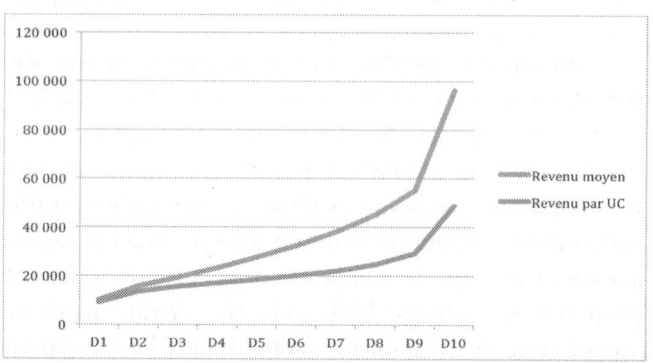

Graphique des auteurs d'après les données de l'INSEE, *Le Revenu et le patrimoine des ménages*, Édition 2018, p. 113. UC : Unité de consommation. Pour comparer les niveaux de vie de ménages de taille ou de composition différente, on divise le revenu par le nombre d'unités de consommation (UC). Celles-ci sont calculées de la façon suivante :
• 1 UC pour le premier adulte du ménage,
• 0,5 UC pour les autres personnes de 14 ans ou plus,
• 0,3 UC pour les enfants de moins de 14 ans.

Distribution des salaires moyens nets mensuels en 2016

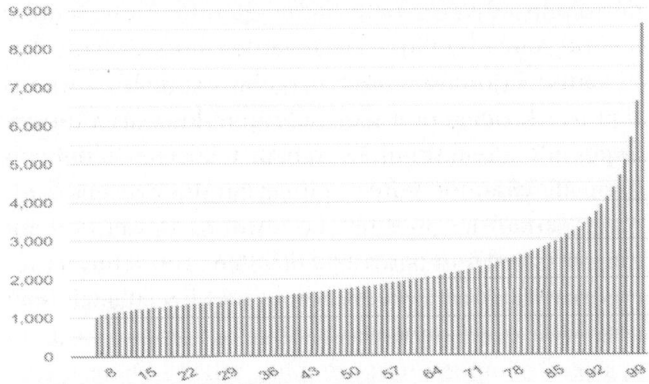

Source : INSEE, 2019[1].

Il faut préciser que la RTT en elle-même ne modifie pas la répartition primaire des revenus. On soutient ici que la condition de son financement est la modification de cette répartition primaire. Si on modifie la répartition des revenus dans les entreprises, pour une même production donnée, ce qui va en plus aux salaires via l'emploi meilleur, c'est autant de moins pour les dividendes. Mais cela ne signifie pas que «les dividendes financent» cette RTT. C'est la valeur ajoutée nette qui est répartie autrement. Ajoutons que répartir autrement la valeur ajoutée n'enlève pas la nécessité d'une réforme fiscale (permettant une

1. *INSEE Première*, n° 1750, avril 2019, extraits du Tableau 3 : «Distribution des salaires mensuels nets en équivalent temps plein (EQTP) en 2016».

répartition secondaire et donc des transferts sociaux) de grande ampleur.

La réduction du temps de travail est donc au carrefour de plusieurs problématiques : réduire le chômage, améliorer la condition au travail, aux antipodes d'une intensification du travail qui est la pire des manières d'augmenter la productivité du travail, réduire les inégalités entre salariés et entre femmes et hommes, repenser la répartition des temps sociaux, engager une transition écologique dans laquelle l'emploi ne peut pas être n'importe quel emploi, réhabiliter le travail pour son émancipation, sa dignité et les finalités productives qui lui sont assignées[1].

Afin que la RTT ne se traduise pas par une explosion de la consommation grâce au temps libéré, elle doit être en phase avec l'amélioration de la qualité de la production et des services publics : la régulation de la consommation marchande peut réussir si l'accès à des services non marchands de grande qualité est possible pour tous. La question des besoins essentiels est donc au cœur non seulement de la sortie de crise, mais de la nécessaire transition écologique.

---

1. Sur l'articulation entre ces questions : Harribey J.-M (2020). *Le Trou noir du capitalisme, Pour ne pas y être aspiré, réhabiliter le travail, instituer les communs et socialiser la monnaie*, Lormont, Le Bord de l'eau ; et (2021), *En finir avec le capitalovirus, L'alternative est possible*, Paris, Dunod.

3. La garantie de l'emploi

La réponse aux défis que nous venons de souligner, notamment ceux du plein emploi de qualité, passe non seulement par la réduction du temps de travail, mais aussi par la mise en œuvre d'une politique dite de garantie d'emploi, encore appelée politique d'employeur en dernier ressort (EDR). Une telle politique s'inspire des idées de John Maynard Keynes, père de la macroéconomie qui, on l'oublie souvent, était beaucoup moins attaché à la croissance qu'au maintien d'un plein emploi permanent, combiné à une baisse des inégalités. La garantie d'emploi a plus directement encore été pensée par l'économiste Hyman Minsky[1], dont il a beaucoup été question depuis 2008 en raison de ses analyses concernant les liens entre dette privée et crises financières. Pour Minsky, lutter contre la pauvreté et les inégalités passe par l'instauration d'un «plein emploi strict», soit un taux de chômage de 2,5 %, et ce en permanence. Pour cela, aux politiques de relance dites «keynésiennes», c'est-à-dire fondées sur les baisses d'impôts ou les hausses des dépenses publiques, Minsky préfère le recours aux politiques d'emploi public: les collectivités locales, financées par l'État, doivent créer directement des emplois[2]. Pour Minsky,

1. Minsky H. P. (2016), *Stabiliser une économie instable*, 1986, Paris, Les Petits matins/Institut Veblen.
2. Godin A. (2014), «Job Guarantee: A Structuralist Perspective», *Revue de la régulation*, n°16, montre que ces deux politiques – relance keynésienne et garantie d'emploi – ont des effets différents

le fonctionnement normal des économies capitalistes entraîne fatalement des traumatismes financiers et des crises, des cycles trop violents, et ainsi du chômage et de la pauvreté au cœur même de ce qui pourrait théoriquement être l'abondance généralisée. L'enjeu des politiques d'EDR est donc de contribuer à la stabilisation macroéconomique, en rendant les cycles moins amples et moins violents, parce qu'elles concourent à résoudre les problèmes majeurs que sont le sous-emploi et les inégalités et ainsi à assurer une demande suffisante à tous les stades du cycle économique[1].

Ces travaux de Minsky ont débouché sur la proposition de garantie d'emploi, entrée dans le débat public outre-Atlantique depuis 2008 grâce à des économistes comme Stephanie Kelton ou Pavlina Tcherneva[2]. Ce débat a, ces derniers mois, gagné notre pays. Il s'agit de créer une garantie universelle, accessible à tous les actifs, en permanence. Dans un tel dispositif, les collectivités locales proposent des emplois à temps choisi (c'est le salarié qui décide du nombre d'heures travaillées) à toute personne majeure, désireuse de travailler. La rémunération est composée d'un salaire de

---

sur la croissance, l'emploi, les inégalités et la pauvreté. Une politique d'investissement public permet de mieux cibler les secteurs à développer et se rapproche donc davantage d'une politique industrielle. Cependant, la création d'emplois est secondaire par rapport à l'objectif d'investissement. Une politique de garantie d'emploi est donc davantage susceptible de lutter contre l'inégalité et la pauvreté.

1. Minsky H. P. (2016), *op. cit.*

2. Tcherneva P. (2021), *La Garantie d'emploi. L'arme sociale du Green New Deal*, Paris, La Découverte.

référence, fixé en fonction des conditions de vie locales, d'un ensemble de prestations (services de santé, garde d'enfants, aide sociale, etc.) et du niveau de qualification du salarié. L'objectif de ces emplois étant l'embauche à plus long terme dans le public ou le privé, les bénéficiaires de la garantie d'emploi peuvent suivre une formation de leur choix.

Afin de s'adapter aux besoins locaux, la gestion des programmes de garantie d'emploi doit être fortement décentralisée, comme cela a été le cas dans deux expériences de garantie d'emploi partielle menées à grande échelle, en Inde et en Argentine[1]. Dans un dispositif de garantie d'emploi bien conçu, le gouvernement procure l'essentiel des fonds, en contribuant à la rémunération des employés et en finançant une partie du coût en capital des projets financés. Les financements additionnels restent à la charge des collectivités locales et/ou des ONG impliquées dans la conception et la mise en œuvre des projets choisis et soutenus localement. Ce caractère décentralisé permet d'impliquer tous les acteurs concernés localement (élus, entreprises, syndicats, habitants et d'abord et avant tout les chômeurs) et permet ainsi de faire vivre la démocratie locale.

Certains projets sont conçus de sorte à être pérennisés, les autres étant décidés de manière plus discrétionnaire lors des périodes de hausse du chômage. Le

---

1. Kaboub F. (2007), « Employment Guarantee Programs : A Survey of Theories and Policy Experiences », *The Levy Economics Institute of Bard College,* Working Paper 498.

caractère pérenne de certains besoins insatisfaits et
la nécessité de leur couverture ont amené d'aucuns
à se poser une question légitime : si le besoin est permanent, ne faut-il pas y répondre, selon la nature des
emplois, par la création de postes de fonctionnaires ?
S'il est question de besoins dont la réponse est en lien
avec les fonctions permanentes de l'État, comme assurer la bonne santé ou l'éducation des citoyens, cela ne
fait aucun doute : une politique d'emploi garanti ne
peut et ne doit pas se substituer à la création de postes
de fonctionnaires, dans un contexte où les besoins en
infirmières ou en professeurs n'ont jamais été aussi
criants. De même, on ne peut exclure que certaines
activités lancées dans le cas de la garantie d'emploi
débouchent sur une activité prise en charge par le
privé, à condition bien entendu de contraindre l'entreprise à conserver les salariés auparavant en emploi
garanti.

Les programmes de garantie d'emploi permettent
aux personnes perdant leur emploi d'éviter d'être
condamnées au chômage. Les chômeurs voient leur
productivité se dégrader rapidement et les employeurs
se méfient généralement des personnes qui se sont
trouvées au chômage de longue durée, bien que cette
situation soit involontaire. Avec une garantie d'emploi, les actifs qui le souhaitent et le peuvent restent
constamment en emploi et suivent une formation de
leur choix : les bénéficiaires de ces programmes gagnent
même en compétences.

De nombreuses politiques de création d'emplois directe ou de garanties d'emploi partielles ont été mises en œuvre au cours du XXe siècle[1], en particulier aux États-Unis pendant la période du *New Deal*. Depuis les années 2000, les expériences menées – souvent dans des pays émergents – ont montré que ces politiques contribuent non seulement à réduire le chômage et à favoriser la reprise économique en période de crise, mais ont aussi souvent d'autres effets sociaux positifs. Il s'agit notamment de la promotion de l'autonomie des femmes et de l'égalité femmes-hommes[2] ; de la réduction des taux de faim et de mortalité infantile ; de l'amélioration des conditions de santé, d'éducation et de la durabilité environnementale ; ainsi que du renforcement des communautés et de la démocratie.

En Europe, les initiatives de garantie d'emploi sont hélas encore trop timides, même si le débat a traversé l'Atlantique ces derniers mois. En France, le projet «territoire zéro chômeur de longue durée», adopté par l'Assemblée nationale en 2016, constitue un pas vers une garantie d'emploi, d'autant que ses principes s'en inspirent très directement. Lors de la phase expérimentale du projet (5 ans), sa mise en œuvre fut très limitée (10 territoires ; chômeurs depuis plus d'un an ; pas plus de 2000 personnes au plan national). En

1. Kaboub F. (2007), *op. cit.*
2. Voir Abukhadrah S. (2021), «What works for women's work? An assessment of the Job Guarantee scheme and women's empowerment», thèse de doctorat, CEPN.

décembre 2020, le Parlement a voté l'extension du dispositif à au moins 50 zones, tandis que la loi initiale prévoyait la généralisation progressive à l'ensemble du territoire. Pour constituer une garantie d'emploi au sens plein, il faudrait que ces dispositifs soient étendus à tout le territoire et accessibles à tous les chômeurs, quel que soit le moment depuis lequel ils sont en recherche d'emploi.

Dans la société de demain, qui aura enfin pris la question écologique au sérieux, l'emploi garanti permettra ainsi d'assurer à toutes et à tous une activité rémunérée et socialement utile, répondant à des besoins locaux socialement définis, tout en contribuant à lisser les cycles économiques et à donner du sens à son existence, chose que le versement d'une allocation de type revenu universel ne permet guère.

Enfin, une dernière question doit être démystifiée : cette garantie de l'emploi ne serait-elle pas une source de dépenses publiques supplémentaires, comme le disent les opposants néolibéraux ? La question devient sans objet dès que des travailleurs sont employés à produire des services répondant à de vrais besoins collectifs, créant ainsi une valeur ajoutée nouvelle dont le paiement socialisé est la contrepartie[1].

On le voit, soulever la question « de quel travail avons-nous besoin ? » nous a obligés à récuser une idée aussi fausse que malheureusement répandue, selon

---

1. Harribey J.-M. (2021), *En finir avec le capitalovirus, op. cit.*

laquelle le travail ne serait plus nécessaire, ni pour produire de la valeur économique distribuable monétairement (d'où l'illusion d'une manne tombant du ciel sans travail collectif sous forme de revenu d'existence universel[1]), ni pour asseoir un partage de l'effort collectif et le pouvoir de décider des conditions de vie, ni pour construire et entretenir les liens sociaux.

Le travail dont nous avons besoin est celui qui répond aux besoins de tous, qui permet le bien commun et qui est l'antidote d'une distanciation sociale, laquelle signifierait l'évanouissement progressif de ce qui fait humanité.

---

1. Les Économistes atterrés et la Fondation Copernic (coord. Harribey J.-M. et Marty C.) (2018), *Faut-il un revenu universel?*, Paris, Éditions de l'Atelier.

CHAPITRE 8

Vivre ensemble

MIREILLE BRUYÈRE, LÉO CHARLES, JEAN-MARIE HARRIBEY,
ANAÏS HENNEGUELLE ET VIRGINIE MONVOISIN

L'histoire de la philosophie est marquée par les réflexions relatives à la façon dont il est possible et souhaitable de «faire société». Puisqu'il s'agit de cohabiter de façon harmonieuse entre individus ou entre communautés, le vivre-ensemble peut se fonder sur un idéal à atteindre et s'appuie implicitement sur des principes et des valeurs régissant les relations humaines.

Cette notion est souvent mobilisée pour éclairer, en creux, les malaises et les dysfonctionnements de la société française. Les symptômes de la dégradation du vivre-ensemble sont effectivement multiples: émeutes urbaines, manifestations plus insurrectionnelles, abstention électorale, pour n'en citer que quelques-uns. Mais ces comportements sont souvent l'expression de la défiance de plus en plus grande vis-à-vis des institutions. D'ailleurs, la crise du Covid a révélé l'ampleur de ces inégalités qui concernent aussi bien le travail, le logement, les revenus, la santé, l'éducation que la culture[1].

La dégradation du vivre-ensemble peut alors se comprendre à travers la montée des inégalités, soit la mise à mal des solidarités et des coopérations entre les individus et les groupes sociaux. Or, l'orientation néolibérale des politiques publiques détériore le vivre-ensemble. Le néolibéralisme n'est pas qu'un ensemble de politiques économiques, il est aussi un mode de gouvernement spécifique. Loin de se caractériser par un État minimal, réduit aux seules fonctions régaliennes, le néolibéralisme se caractérise plutôt par une modification de l'agenda de l'État et de ses moyens d'action. Durant les Trente Glorieuses, la dimension sociale de l'État s'est incarnée dans la protection sociale et les services publics dont la visée était non pas la charité, mais la garantie d'une citoyenneté sociale. Le nouvel agenda de l'État néolibéral s'incarne à présent dans la volonté de mettre en place des politiques économiques et sociales plus ou moins coercitives en faveur du marché et non plus contre lui (en le limitant ou le contournant comme le faisait l'État social du compromis fordiste).

Les politiques économiques et sociales de l'État néolibéral ne sont donc pas moins fortes. Elles ont d'autres visées. À présent, il s'agit d'inciter, de contrôler, d'accompagner et de former les individus pour qu'ils jouent le grand jeu de la concurrence sur les différents

---

1. Comme le montrent les autres chapitres de l'ouvrage.

marchés dans lesquels ils doivent s'intégrer. Il n'y a plus rien hors du marché. C'est à l'État d'outiller les individus pour qu'ils aient une chance de tirer parti du marché (de l'éducation, du travail, pour consommer, etc.). Les individus doivent devenir des acteurs capables de relever le défi de la concurrence partout.

Ce faisant, le capitalisme néolibéral a fortement augmenté les inégalités économiques et sociales. Cette évolution n'est pas un effet non voulu de politiques économiques et de stratégies d'entreprises rendues nécessaires par la mondialisation. Elle est *l'expression* économique et sociale de la transformation des États en États néolibéraux que Jacques Rancière analyse sous le signe d'une haine de la démocratie[1]. Les déclinaisons de celle-ci, et la haine de l'égalité qui est son corollaire, sont très nombreuses : démantèlement des droits des salariés, des services publics, de la progressivité de l'impôt, augmentation de la sélectivité de l'éducation, etc.

Face à ces inégalités toujours plus fortes, les politiques sociales et la solidarité peinent à corriger les disparités. Mais si toutes deux sont intimement liées – souvent désignées globalement comme «les solidarités» –, elles ont leur dynamique propre. La politique sociale repose sur le principe de solidarité – collective – mais aussi sur les principes de redistribution et de protection. En effet, dès le XIXe siècle, philosophes (tel

---

1. Rancière J. (2005), *La Haine de la démocratie*, Paris, La Fabrique éditions.

Alfred Fouillée) et sociologues (tel Émile Durkheim) soulignent la dimension sociale de la solidarité. Le contrat social que passe tout citoyen suppose une fonction réparatrice et une action collective; l'individu dépend de la société[1] et la solidarité ne se réduit pas à une relation entre individus, mais également entre les individus et la société[2]. Elle comprend donc l'entraide au sein d'une famille ou entre proches et aussi l'assistance et la coopération avec des individus appartenant plus largement à la société[3]. Lien social, redistribution et protection, assistance et coopération sont autant d'éléments nécessaires au vivre-ensemble.

Ainsi, en France, la protection sociale a une gouvernance verticale et de plus en plus étatique, alors que la solidarité s'exprime dans un rapport horizontal, entre membres d'une société[4]. Néanmoins, nous verrons d'abord dans ce chapitre combien ces liens sociaux se distendent à travers la montée des inégalités, à travers l'incapacité de la société d'assurer sa fonction réparatrice, à travers la remise en cause des politiques sociales

1. Blais M.-C. (2008), «La solidarité», *Le Télémarque*, 1-33, p. 9-24.
2. Pour Durkheim, le passage d'une société traditionnelle dans laquelle les individus sont peu différenciés aux sociétés modernes dans lesquelles les individus sont différents et interdépendants correspond au passage d'une solidarité «mécanique» (automatique) à une solidarité «organique» (contractuelle et organisée).
3. En cela, la solidarité dépasse le simple don, même si le ressort est le même, celui de l'altruisme.
4. Servet J.-M. (2007), «Le principe de réciprocité chez Karl Polanyi. Contribution à la définition d'une économie solidaire», *Revue Tiers Monde*, vol. 2, n° 190, p. 255-273.

et l'évolution de la solidarité. Ensuite, nous verrons comment réduire ces inégalités pour enfin proposer des pistes visant à rétablir les solidarités et à renforcer la démocratie. Il s'agira donc de souligner comment le vivre-ensemble ne peut se concevoir en dehors d'une justice sociale, car «il n'y a pas de paix durable sans justice sociale»[1]. Toute relation économique s'appuie sur une relation sociale: une économie – néolibérale – inégalitaire et encourageant concurrence et compétition ne peut que générer une détérioration des relations sociales, voire de la violence. Repenser le vivre-ensemble consiste ainsi à réintroduire cette dimension sociale dans l'économie pour apaiser la société.

1. La dégradation du lien social

Comment *bien* vivre ensemble quand les individus souffrent de profondes inégalités et que tout pousse à davantage d'individualisme et de compétition? Les inégalités économiques ne cessent de s'accroître et, pire encore, elles mettent en place un cercle vicieux par lequel les dynamiques institutionnelles vont générer des inégalités sociales.

---

1. Supiot A. (2010), *L'Esprit de Philadelphie. La justice sociale face au marché total*, Paris, Seuil.

1.1. Inégalités économiques et intensification de la concurrence

Le bilan du néolibéralisme est pour le moins sinistre. Les déréglementations des marchés, les privatisations et la réduction des dépenses publiques des revenus de transferts – et réduction de la fiscalité pour les plus favorisés et les entreprises – ont creusé les inégalités économiques. Selon l'INSEE[1], la situation des inégalités ne s'améliore en rien :

– Avant redistribution, les inégalités se sont accrues entre 2008 et 2018 : les plus pauvres deviennent plus pauvres et les plus riches deviennent plus riches. Les 1 % des ménages les plus modestes ont perdu 11 % de niveau de vie pendant cette période – les 20 % les plus modestes disposant de 8,7 % des revenus en 2018. Les revenus les plus hauts sont aussi ceux qui ont le plus augmenté pendant la période : les 1 % les plus aisés bénéficient de 7,4 % des revenus, contre 6,9 % en 2008 – les 20 % les plus aisés disposant de 38,7 % des revenus en 2018 !

– La pauvreté s'est donc aggravée. Le taux de pauvreté[2] a grimpé de 13 % à 14,8 % (période 2008-2018). Elle concerne 9 327 000 personnes en France. Le nombre d'allocataires du RSA a bondi de 7,5 % en 2020 et laisse présager une forte hausse du taux de pauvreté avec la crise sanitaire.

---

1. INSEE (2018), « Inégalités de niveau de vie et pauvreté entre 2008 et 2018 », *Vue d'ensemble.*
2. Soit le taux à 60 % du salaire médian.

– Si le système de redistribution atténue le creusement des inégalités, ce dernier reste une tendance forte. Pour l'Observatoire des inégalités[1], les 10 % les plus aisés s'écartent de plus en plus des 10 % les plus pauvres.

Le même phénomène, bien plus ample, s'observe aussi pour les inégalités de patrimoine[2] :
– Les inégalités se sont accrues entre 1998 et 2018 : les 10 % les moins dotés ont perdu 48 % de patrimoine, alors que les 10 % les plus dotés en ont gagné 119 % !
– Les 30 % des ménages les plus pauvres ne détiennent pas de patrimoine immobilier, tandis que ce dernier s'est fortement valorisé pendant cette période.
– La hausse de 160 milliards d'euros de l'épargne financière en 2020-2021 est en réalité imputable aux 20 % les plus aisés. À l'inverse, les 20 % les plus fragiles auraient puisé dans leur épargne pour faire face à la crise.

Comment peut-on alors s'en remettre aux solidarités pour combler ces dynamiques ? D'une part, les politiques publiques se désengagent du social. Les prélèvements baissent régulièrement pour les plus favorisés : l'ISF a été supprimé en 2017 (remplacé par l'IFI, à

---

1. Observatoire des inégalités (2020), « Les inégalités de niveau de vie repartent à la hausse », *Données*.
2. INSEE (2018), « Le patrimoine des ménages en 2018 : peu de mobilité dans la distribution depuis 2015 », *Vue d'ensemble*.

l'assiette plus restrictive) et la progressivité de l'impôt est mise à mal par les nombreuses niches fiscales permettant « d'optimiser » le montant de l'impôt. Les revenus de transfert sont de plus en plus comprimés : le calcul du montant des retraites est en débat constant (en vue de sa baisse), les nouvelles règles de calcul de l'allocation chômage sont défavorables aux bénéficiaires.

D'autre part, le champ caritatif est pour le moins instable. Une étude de France Générosité montre par exemple une chute importante sur les dernières années du nombre de foyers donateurs, qui passe de 5,5 millions en 2015 à 4,7 millions en 2019[1].

1.2. *Des inégalités économiques aux inégalités sociales*

Toutes ces inégalités de revenus, de salaires ou de patrimoines se retrouvent dans toutes les dimensions de la vie : les inégalités économiques se conjuguent aux inégalités sociales, mais également aux inégalités face à la santé et face à la mort.

D'après l'INSEE, en 2018 en France, l'espérance de vie à la naissance est de 85,9 ans pour les femmes et de 79,7 ans pour les hommes[2]. L'enjeu politique de cet indicateur est fort : l'allongement de l'espérance de vie, continue depuis les années 1950, mais qui stagne

---

1. France Générosité (2020), « Étude sur les dons déclarés – Édition 2020 – Recherches et Solidarités ».
2. INSEE, (2021), « Espérance de vie », *Bilan démographique*.

depuis l'entrée dans la décennie 2000, est un argument fréquent pour justifier le recul de l'âge de départ à la retraite dans les pays dotés d'un système de protection sociale par répartition. Cependant, cet indicateur est trompeur. D'abord, il en cache un deuxième, peut-être plus révélateur de l'état de santé réel d'une population : celui de l'espérance de vie en bonne santé. D'après l'INSEE, mais cette fois-ci en 2017, un homme peut espérer vivre 62,6 ans sans incapacité et une femme 64,9 ans, soit près de vingt ans de moins que l'espérance de vie totale[1]. En la matière, la France se situe dans la moyenne des pays des l'Union européenne, d'après les dernières publications de l'organisme de statistique européen Eurostat[2].

Mais surtout, ces différentes manières de compter cachent de très importantes disparités face à la maladie et la mort, selon l'origine sociale et selon la position économique. On estime ainsi que, en moyenne, un homme cadre vit sept ans de plus qu'un homme ouvrier (cette différence est moindre chez les femmes, puisqu'elle n'est «que» de trois ans), et que ces écarts se creusent depuis le milieu des années 1990. Dans un rapport récent, daté de 2018, l'INSEE indique également que les hommes les plus riches (ceux dont les revenus sont parmi les 5 % les plus hauts) vivent treize ans de plus que les hommes les plus pauvres (dont les

---

1. INSEE (2021), «Espérance de vie en bonne santé», *op. cit.*
2. Eurostat (2020), «Number of healthy years of life: countries compared».

revenus sont parmi les 5 % les plus bas), ce qui est considérable ! Ainsi, un homme qui dispose en moyenne de 5 800 euros par mois peut espérer vivre 84,4 ans, contre 71,7 pour un autre qui vit avec 470 euros mensuels. Pour les femmes, cet écart est là encore moindre, mais il n'en reste pas moins important (88,3 ans contre 80 ans, soit 8 ans « seulement » de différence)[1].

Ces disparités s'expliquent à la fois par des facteurs liés aux conditions de travail (par exemple, les risques professionnels sont accrus pour les travailleurs et travailleuses les moins qualifiés), aux modes de vie (le recours aux soins est moindre chez les catégories les plus défavorisées, notamment car le corps est l'outil de travail principal et qu'il est plus difficile de se permettre des arrêts maladie), mais aussi à la socialisation (le rapport au corps est différent selon les classes sociales).

Les inégalités de revenus se transcrivent très concrètement en inégalités de santé et de durée de vie. Non seulement les personnes aisées ont une vie « plus riche » dans différents sens du terme (plus d'accès à différents biens et services, plus de loisirs variés, moins d'incertitude face à l'avenir, moins d'anxiété, etc.), mais elles ont aussi une vie plus longue.

---

1. INSEE (2018), « L'espérance de vie par niveau de vie : chez les hommes, 13 ans d'écart entre les plus aisés et les plus modestes », *INSEE Première*.

1.3. Une protection sociale mise à mal

Le système de protection sociale français constitue l'un des piliers du vivre-ensemble aujourd'hui : conçu en 1945, ses fondateurs, principalement Ambroise Croizat et Pierre Laroque, le voient comme le moyen pour toutes et tous de vivre une vie digne, sans l'incertitude constante du lendemain, de compenser l'insécurité économique et de mettre en place une solidarité intra- et intergénérationnelle avec ses différentes branches couvrant différents risques – vieillesse, maladie, accidents du travail, famille et chômage – et son principe assurantiel – c'est-à-dire fondé sur des cotisations sociales.

Grâce à la Sécurité sociale, même celles et ceux qui ne sont pas propriétaires d'une maison ou titulaires d'un compte en banque bien garni sont quand même un peu «propriétaires sociaux»», pour reprendre les termes du sociologue Robert Castel[1] : ils possèdent un droit à une assurance sociale et seront par exemple soignés s'ils tombent malades. La Sécurité sociale a ainsi fondé la citoyenneté sociale des classes populaires. Ce constat peut sembler banal en France ; rappelons cependant simplement qu'aux États-Unis notamment le système de santé n'est pas accessible à tout le monde (par exemple, un accouchement y coûte environ 10 000 euros et nécessite de fait d'avoir une

1. Castel R. (1995), *Les Métamorphoses de la question sociale : Une chronique du salariat*, Paris, Gallimard.

bonne mutuelle privée). La propriété sociale compense ainsi en partie l'inégalité issue de la propriété privée et l'inégale répartition de celle-ci : au lieu de passer par la charité et l'assistance des pauvres, il s'agit d'attacher la sécurité et la citoyenneté sociale au travail lui-même. Par ce biais, travailler ne sert pas seulement à avoir un salaire, cela sert aussi à obtenir un droit à la sécurité face aux aléas de la vie. Comme le résume joliment Robert Castel, le système de protection sociale permet à toutes et tous (et surtout aux plus pauvres) de ne plus vivre « au jour la journée » et de pouvoir anticiper l'avenir.

De fait, le système français de protection sociale repose beaucoup sur le travail et ce n'est pas sans conséquence : sont d'abord assurés les travailleurs et travailleuses et leurs ayants droit. En particulier, leur emploi ouvre automatiquement les droits à une protection sociale pour leur retraite future.

Ce système, par le montant des sommes qu'il engage, est une institution centrale du vivre-ensemble : en 2018, 742 milliards d'euros ont été versés (près de 50 % au titre de l'assurance retraite et de 30 % de l'assurance maladie). Le système de protection sociale français représente 32 % du PIB annuel[1] : ainsi, environ un tiers des richesses produites chaque année sont socialisées et redistribuées !

---

1. Voir les statistiques relatives au système de protection sociale français sur le site Internet de la Drees.

La redistribution est de deux ordres. D'une part, elle est dite «horizontale», car, par exemple, les salariés en activité financent par leurs cotisations les pensions des anciens salariés à la retraite. D'autre part, elle est «verticale», car le système de protection sociale permet de transférer des revenus des ménages les plus aisés, qui cotisent plus, vers ceux les moins aisés, qui cotisent moins (la cotisation étant proportionnelle aux revenus).

Les cotisations sociales sont un salaire socialisé garanti par l'État. Elles financent des prestations versées «en cas de problème» ou après la fin de sa vie active. Le système de protection sociale français est donc d'abord un système assurantiel, qui repose sur des bases professionnelles : elle concerne au premier chef les travailleurs et les travailleuses plutôt que les citoyennes et les citoyens, sauf les prestations maladie et famille qui sont universelles.

Le système français de protection sociale constitue donc encore alors un véritable rempart contre les inégalités. Comme la protection sociale nous appartient à toutes et tous, les attaques qui lui sont portées constituent des attaques contre notre patrimoine commun. Elle constitue une sorte de «contrat social» qui nous relie les uns aux autres. On comprend également mieux pourquoi les attaques sont légion derrière ces 750 milliards d'euros annuels, pour la plupart «hors marché» et donc hors des intérêts privés, et que se cachent bien sûr de multiples appétits !

Cependant, le système de protection sociale français comporte des limites liées à son histoire et introduit des lignes de fracture au sein de la société. Les personnes éloignées du marché du travail, qui ne cotisent pas, ne sont pas bien assurées et dépendent alors d'un autre pilier du système, celui de l'assistance, qui se distingue du pilier assurantiel et qui a ses propres évolutions :

– Les minima sociaux, comme le revenu de solidarité active, ne dépendent pas des cotisations préalablement versées, mais uniquement de l'âge (il faut avoir plus de 25 ans pour en être bénéficiaire) et du revenu (il faut en être dépourvu). À titre indicatif, le montant du RSA mensuel pour une personne seule qui ne travaillait pas en 2020 correspondait à 564 euros net et à 1 150 euros pour un couple avec deux enfants quand aucun conjoint n'avait d'emploi.

– Ce pilier d'assistance correspond à un maigre filet de sécurité. Il assure à toutes et tous un minimum de revenus, selon un principe d'universalité et quel que soit le statut d'emploi. Ces prestations de solidarité sont principalement financées par l'impôt (et non pas par des cotisations sociales).

– La part des dépenses d'assistance prend de l'ampleur depuis les années 1980 (20 % de la protection sociale aujourd'hui), alors que le système de 1945 lui octroyait une portion congrue (chômage et précarité étant de bien moindre importance !) et s'appuyait donc sur le travail renforçant la dignité associée au statut du travail salarié et associant celui-ci à des garanties solides.

Cette progression relative du pilier de l'assistance par rapport à celui de l'assurance remet en question l'esprit du système de protection sociale français, et donc la cohésion sociale. En effet, les prestations d'assistance ciblent des groupes particuliers, qui sont détachés du droit commun en tant qu'ils éprouvent certaines difficultés économiques qui les stigmatisent, ce qui fragilise la solidarité. Le «contrat social» initial s'affaiblit, et la logique de la charité, pourtant réprouvée par les fondateurs de la Sécurité sociale, revient en force.

Le régime de protection sociale semble s'articuler sur un système à deux vitesses. D'un côté, on trouve toujours des assurances générales et plutôt robustes (même si elles font l'objet d'attaques récentes) pour celles et ceux qui continuent à être fortement intégrés aux structures de la société salariale (en particulier, celles et ceux qui travaillent en CDI ou qui sont fonctionnaires). De l'autre, se dessinent des prestations particulières destinées à celles et ceux qui ont décroché du système économique et à qui on accorde des compensations. Celles-ci sont d'un montant bien inférieur aux assurances sociales, en plus de leur caractère stigmatisant: elles sont attribuées sur la base de la reconnaissance d'une déficience, d'une fragilité.

On comprend alors que les inégalités mettent à mal le vivre-ensemble en ce qu'elles fonctionnent en «système»[1]. D'ailleurs, les différents types d'inégalités se cumulent. Par exemple, il existe un lien évident entre niveau de revenu[2] et accès à la santé, entre catégories sociales et inégalités d'espérance de vie, d'accès au logement, de discrimination à l'embauche ou de renforcement des inégalités de genre. Par conséquent, pour reprendre les termes de Bihr et Pfefferkorn[3], la pauvreté ou la précarité «ne se limite pas au défaut d'avoir [...], c'est aussi et peut être plus fondamentalement le défaut de pouvoir».

Ainsi, plusieurs décennies de néolibéralisme se soldent par une détérioration des solidarités et une recrudescence des inégalités économiques et sociales. Rappelons qu'il s'appuie sur l'idée que le marché et la liberté individuelle fondée sur la propriété privée mèneraient au bien-être de chacun. Nous voyons que non seulement le bien-être de chacun se dégrade, mais les liens sociaux également; le vivre-ensemble semble de plus en plus difficile quand les écarts de revenus, de patrimoines ou les inégalités sociales dans leur ensemble sont si grands. Les néolibéraux présupposent que le marché constitue un lieu non conflictuel où se rencontrent des individus égaux dont les transactions

1. Bihr A. et Pfefferkorn R. (2008), *Le Système des inégalités*, Paris, La Découverte.
2. Nous parlons ici d'inégalités de revenus plus que salariales, puisqu'il est nécessaire d'inclure l'ensemble des rémunérations des individus: salaires, dividendes, intérêts perçus, primes, etc.
3. Bihr A. et Pfefferkorn R. (2008), *op. cit.*

elles-mêmes garantissent cette égalité. C'est l'inverse. Le marché est un lieu de lutte où se rencontrent des entités au pouvoir très différent économiquement et socialement – quel poids a le consommateur lambda face à Amazon ? – et où se creusent les inégalités.

2. COMMENT LIMITER LES INÉGALITÉS

Nos sociétés capitalistes sont donc construites sur des inégalités de toutes formes, tant économiques que sociales, culturelles ou politiques. Leurs expressions multiples appellent nécessairement des actions globales et multiformes. Les chapitres présentés dans ce livre sont autant de pistes à explorer pour une réduction majeure des inégalités, socle incontournable d'une société démocratique, solidaire, construite autour du vivre-ensemble.

2.1. Lutter contre les inégalités de rémunération

La crise sanitaire du Covid a démontré l'importance de certaines professions pourtant situées en bas de l'échelle des gratifications, tant salariales que symboliques. On pense bien entendu à tous les personnels de santé, de l'éducation, de l'entretien, de la livraison ou encore de la grande distribution. Si la rémunération de ces catégories professionnelles n'a que très peu augmenté, celles des grands patrons n'a en revanche pas souffert de la crise. Selon une étude menée par

Attac et Oxfam[1], entre mars 2020 et mars 2021, la fortune des milliardaires français (dont la plupart gèrent des grandes entreprises) a augmenté de 170 milliards d'euros, soit une hausse moyenne de 40 %. En 2016, les patrons du CAC 40 gagnaient en moyenne 257 fois le SMIC. Au sein de leur entreprise respective, la rémunération du PDG était en moyenne 119 fois plus élevée que le salaire moyen.

L'acceptation ou la dénonciation de ces écarts de salaires est un choix éminemment politique en ce qu'ils révèlent l'échelle de valeurs que s'est donnée une société. Rien n'empêche de refonder un vivre-ensemble et une échelle de valeurs basés sur les besoins des citoyennes et des citoyens ou l'utilité sociale des métiers.

La question de la juste rémunération de l'activité humaine traverse les époques et les courants de pensée. Ainsi, au ve siècle av. J.-C., Platon recommandait de légiférer pour imposer un écart maximal de rémunération de 1 à 4. Bien plus tard, le banquier J. P. Morgan trouvait juste qu'un chef d'entreprise ne perçoive pas plus de 20 fois la rémunération moyenne de ses salariés[2]. Dans le secteur de l'économie sociale et solidaire (ESS) il est généralement pratiqué un écart maximal

1. «L'indécent enrichissement des milliardaires français pendant la pandémie», *Note commune Attac France et Oxfam France*, avril 2021.
2. Proposition de loi n° 3094 pour une limite décente des écarts de revenu. Assemblée nationale, 16 juin 2020.

de 1 à 5 entre la rémunération la plus faible et celle
la plus haute. Dans les entreprises solidaires d'utilité
sociale (ESUS), la rémunération la plus haute est pla-
fonnée à une limite ne pouvant excéder 10 fois le SMIC,
soit 179 816 euros en 2018, ce qui reste excessif et peu
contraignant.

Au vu de ces exemples concrets, il apparaît nécessaire que le législateur impose une limitation des écarts
de rémunération dans l'ensemble de la société, que ce
soit au sein des entreprises privées ou publiques, dans
l'ESS ou la fonction publique. L'écart acceptable doit
être collectivement défini et négocié. Par exemple ; la
fonction publique française limite d'ores et déjà l'écart
maximal des rémunérations (salaires et primes) de 1 à
12[1]. Un écart de 1 à 4 est un objectif raisonnable d'un
point de vue social et écologique, avec une revalorisa-
tion du pouvoir d'achat des bas salaires.

Parallèlement, dans l'objectif d'une société reposant
sur le vivre-ensemble, il semble important de définir un
plafond, une rémunération maximale qu'un individu
ne pourrait dépasser. En effet, cela permet de réaffirmer
le principe que les choses ne doivent pas croître sans
cesse et sans raison et qu'il est nécessaire de poser une
certaine finitude. Si dans la fonction publique actuelle
ce plafond maximal est fixé à 15 000 euros mensuels
(primes incluses), c'est encore une fois au débat démocratique de définir cette limite acceptable. Pour notre

1. Giraud G. et Renouard C. (2012), « Le facteur 12. Pourquoi il faut
plafonner les revenus », Paris, *Carnets Nord*.

part, un revenu maximal de 5 000 euros mensuels nous semble raisonnable. Limiter le niveau de vie des plus riches est aussi une réponse à l'urgence écologique, ces derniers ayant un mode de vie plus polluant. Si la définition d'une rémunération maximale est nécessaire pour limiter les écarts, il est important aussi de revaloriser les rémunérations en bas de l'échelle et de mettre fin aux discriminations faites aux femmes.

Sur ce dernier point en particulier, nous pouvons reprendre la proposition de S. Lemière et R. Silvera[1] du principe du salaire égal pour un travail de valeur comparable. Cette proposition permet de comparer des métiers majoritairement masculins (les policiers) avec des métiers presque essentiellement féminins (les infirmières) et de proposer des échelles de rémunération équivalentes. Ces deux autrices proposent donc de viser l'équité salariale plutôt que l'égalité. En attendant la mise en place de cette proposition ambitieuse, la DARES[2] recommande plusieurs pistes pour atteindre l'égalité des rémunérations entre femmes et hommes : maintenir l'obligation de négocier sous menace de sanction, améliorer le diagnostic sur l'inégalité salariale, renforcer le rôle de l'Inspection du travail, tout en prenant soin de ne pas tomber dans une « égalité

1. Lemière S. et Silvera R. (2010), « Un salaire égal pour un travail de valeur comparable entre les femmes et les hommes. Résultats de comparaisons d'emplois », *La revue de l'IRES*, n° 66, 2010/3.
2. DARES (2019), « L'égalité professionnelle est-elle négociable ? », *Document d'études DARES – CMH*, n° 231, avril.

élitiste» qui renforcerait la polarisation au sein des femmes entre les femmes de talent et le «dirty floor» (les métiers du bas de l'échelle).

Enfin, la fiscalité peut également devenir un véritable outil pour lutter contre les inégalités de rémunération. Rendre le système fiscal réellement progressif (c'est-à-dire faire en sorte que les personnes les plus riches contribuent plus relativement à leurs revenus que les personnes les moins aisées) permettrait, là aussi, de renverser quelque peu la vapeur du système néolibéral[1].

2.2. Rétablir les solidarités collectives pour la justice sociale et écologique

Il convient ici de s'opposer au renforcement du système «à deux vitesses» mentionné précédemment. En effet, il entre en contradiction profonde avec la logique de la propriété sociale et du «contrat social». La Sécurité sociale est importante en ce qu'elle nous lie les uns aux autres sans discriminer ou mettre à part certaines et certains d'entre nous. Par opposition à la logique individuelle, voire individualiste, si prégnante dans notre monde capitaliste, mais aussi à une logique purement assurancielle, elle contribue à renforcer les

---

1. Sur ce point, on consultera avec profit le site de Camille Landais, Thomas Piketty et Emmanuel Saez, Pour une révolution fiscale, qui donne de nombreuses pistes et explique clairement en quoi le système fiscal actuel peut être qualifié «d'injuste».

solidarités et à ne pas faire dépendre le sort de certains d'une charité aléatoire.

Il faut plutôt rappeler, dès que l'occasion s'en présente, que cette Sécurité sociale constitue réellement un beau moyen de vivre-ensemble et d'assurer à toutes et tous une protection face à l'avenir. Certes, elle présente de nombreux défauts et est tout à fait perfectible, dans son organisation concrète, dans les montants des prestations offertes ou encore dans l'apparition progressive d'assurances complémentaires privées. Néanmoins, l'esprit sous-jacent n'en est pas moins révolutionnaire, en ce qu'il met en commun une partie non négligeable des richesses produites pour assurer à tous une sécurité face à l'avenir.

Il reste à inventer la protection sociale de demain, en accordant des droits décents y compris aux personnes qui sont éloignées de l'emploi. Dans le même temps, il faudra refuser les réformes délétères comme la récente proposition de réforme des retraites du gouvernement d'Édouard Philippe, qui auraient comme conséquence de fragiliser à terme notre système de répartition pour introduire des éléments de capitalisation (privée). Ces deux conditions renforceraient les solidarités à la fois intra- et intergénérationnelles.

La réforme du système de retraite engagée en 2019, suspendue en 2020 et peut-être (à l'heure où nous écrivons ces lignes) relancée à la fin du quinquennat, envisageait un système par points qui avait tout pour défavoriser les travailleurs et les retraités : un système

prétendument universel qui approfondissait les inégalités entre les carrières continues et celles mitées par
le chômage, le temps partiel et la précarité à cause de
la prise en compte de l'ensemble de la carrière dans le
calcul des pensions ; un âge « pivot » qui obligeait à travailler jusqu'à 64 ans, même si on avait la durée de cotisation requise bien avant ; un malus de 5 % par année
manquante. Le tout alors que, à 60 ans, plus de la moitié
des salariés sont déjà hors emploi, que l'âge moyen de
départ à la retraite est de 62 ans et 2 mois[1], et que le chômage toutes catégories confondues dépasse 6 millions
en France.

Au début de l'été 2021, on ne sait pas quand et comment le président Macron réengagera son conflit avec
le monde du travail. Mais, d'ores et déjà, le dernier
rapport du Conseil d'orientation des retraites[2] et celui
de la Cour des comptes[3] appellent à réformer de nouveau. Malgré un équilibre des comptes des régimes de
retraite à la veille de la pandémie et une dégradation
en 2020 moindre que prévu (18 milliards d'euros), le
COR prévoit une baisse de la part des pensions dans
le PIB (13,7 % avant la pandémie) de 1 à 2 points de
pourcent selon l'évolution de la productivité du travail à l'horizon 2070, alors que la part des retraités dans

1. Drees, « Les retraités et les retraites », Rapport 2021.
2. COR, « Évolutions et perspectives des retraites en France »,
Rapport annuel, juin 2021.
3. Cour des comptes, « Une stratégie de finances publiques pour
la sortie de crise. Concilier soutien à l'activité et soutenabilité »,
juin 2021.

la population augmentera. Comment expliquer alors la volonté farouche de reculer encore plus l'âge de la retraite et de diminuer les pensions ? Parce que moins la productivité progresse, moins la part des pensions dans le PIB diminue[1] ; or, tous les spécialistes un peu avertis ont compris que les trajectoires de croissance économique élevées sont définitivement hors d'atteinte et, de toute façon, non souhaitables. D'où l'acharnement des néolibéraux pour «réformer» sans cesse les retraites. Les experts de la commission Blanchard-Tirole[2] ont poussé le zèle jusqu'à proposer d'indexer les pensions sur les salaires et non plus sur les prix. Parce que «les économies [de dépenses de pensions] sont générées par l'écart entre l'inflation et la hausse des salaires, c'est-à-dire la croissance de la productivité. Une inflation faible et une forte croissance de la productivité sont donc nécessaires pour réduire suffisamment les coûts et assurer ainsi la viabilité financière du système»[3]. Cela signifie que l'écart potentiel entre recettes et dépenses dépend des variations de l'activité économique qui créent un écart entre inflation et productivité. En revenant à une indexation des pensions sur les salaires, on rétablirait une évolution parallèle entre recettes et dépenses. Mais la condition d'une forte hausse de la productivité

1. COR (2021), *op. cit.*, p. 68.
2. Blanchard O. et Tirole J. (2021), «Les grands défis économiques», Rapport de la commission internationale, juin, https://www.strategie.gouv.fr/sites/strategie.gouv.fr/files/atoms/files/fs-2021-rapport-les_grands_defis_economiques-juin_0.pdf.
3. *Ibid.*, p. 396, 440, 444-447.

est hors d'atteinte, sans doute définitivement à cause de l'enchevêtrement des crises sociale et écologique du capitalisme. Il s'agirait donc de créer, grâce à un nouveau système, un mécanisme d'adaptation automatique de l'équilibre financier des retraites, de façon à se débarrasser définitivement des aléas des batailles sociales, trop récurrentes en France aux yeux des «réformateurs».

Ne plus miser sur des gains de productivité élevés pour payer les retraites et de manière générale la protection sociale oblige à repenser celles-ci dans le cadre d'une transition qui ne sacrifie ni le social ni l'écologie, mais qui transforme l'ensemble des rapports et des modes de production.

Au premier plan des bouleversements à accomplir, figure une modification de la répartition primaire des revenus entre travail et capital, d'autant plus nécessaire que la croissance de la productivité est faible, mettant fin à une longue période d'avantages pour les profits distribués. À cet égard, l'élargissement de l'assiette des cotisations sociales à l'ensemble de la valeur ajoutée nette serait décisif, d'une part pour augmenter la part de la masse salariale dans la valeur ajoutée, d'autre part pour réduire l'avantage de concurrence des entreprises très capitalistiques par rapport aux entreprises de main-d'œuvre[1].

Ce premier partage étant rééquilibré, la réduction des inégalités entre salariés et entre les salaires masculins

1. Harribey, J.-M. (2019), «Quelle cotisation sociale pour la protection sociale?», Blog Alter Eco, 9 février.

et féminins serait facilitée. Les premières pourraient être ramenées dans une fourchette de 1 à 4, réduisant plus tard les écarts entre pensions. Comme les salaires féminins sont 23 % inférieurs à ceux des hommes (de 16,8 % à temps de travail équivalent)[1], cette inégalité est amplifiée à la retraite (la pension moyenne de droit direct des femmes est inférieure de 40 % à celle des hommes et de 28 % si on intègre la réversion). Le droit à l'emploi complet, surtout pour les femmes subissant le temps partiel, introduirait une amélioration de l'organisation du travail et de son partage au sein des entreprises.

De façon générale, une politique pour tendre vers le plein emploi est indispensable pour sortir du carcan productiviste et non solidaire. Dans cette perspective, la réduction du temps de travail est primordiale (voir le chapitre sur le travail), car elle s'inscrit à rebours d'un modèle ne concevant le progrès qu'en termes de production croissante infinie, de surconsommation et de gaspillage, et donc de dégradation écologique, laquelle pèse surtout sur les catégories sociales les plus pauvres. Revenir à une durée de cotisation de 40 ans et restaurer l'âge de départ à la retraite à 60 ans rompraient avec la tendance amorcée dès les premiers temps du néolibéralisme.

L'articulation entre un nouveau modèle social et un nouveau modèle productif économe pour la planète et respectueux des humains n'est pas hors de portée. Mais

---

1. Observatoires des inégalités (2021), «Les inégalités entre femmes et les hommes : état des lieux», 5 mars.

elle suppose de rompre avec la logique capitaliste, de borner son champ et d'élargir celui du bien commun. La retraite par répartition en est un élément essentiel. Elle peut le rester à condition que l'on veuille en réduire les aspects les plus fragiles, notamment ceux qui reproduisent au temps de la retraite les inégalités du temps de la vie active. De ce point de vue, le système d'assurances sociales fondé sur le principe de la contributivité doit évoluer pour renforcer au contraire le caractère universel de la protection sociale. *A contrario*, le président Macron ne s'y était pas trompé en voulant faire de la retraite par points un système strictement contributif. Dans son esprit, l'universel devait sans doute se définir comme l'extension infinie des inégalités. Dans le nôtre, il s'agit de penser la retraite comme un temps de vie pendant lequel les besoins de tous sont satisfaits pour l'essentiel : le lien social dans sa composante intergénérationnelle comme antidote à la distanciation sociale.

3. Renforcer la démocratie

La modification de l'agenda de l'État s'est faite au prix d'une forte réduction de la dimension démocratique de l'État néolibéral. Or, l'égalité est la première condition de la démocratie : montée des inégalités et affaiblissement de la démocratie vont donc de pair. Partout, les pouvoirs parlementaires et des organisations intermédiaires (organisations syndicales, associations, collectivités territoriales) ont été réduits, cantonnés ou mis sous la tutelle technocratique de l'État au profit des exécutifs sous prétexte d'efficacité d'action dans la course internationale à la puissance économique et industrielle.

Cette réduction démocratique est un obstacle majeur à la transformation écologique et sociale que nous esquissons dans ce livre.

Renforcer la démocratie, c'est donc engager partout un mouvement pour l'égalité dans toutes ses dimensions, en tant que principe premier du vivre-ensemble. C'est d'abord affirmer que par principe chacun a la même capacité de penser et d'agir au contraire de ce qu'affirme E. Macron en stigmatisant « ceux qui ne sont rien ». Un mouvement pour l'égalité, c'est aussi une pratique qui doit s'effectuer et se mettre en œuvre.

L'expérience de la Convention citoyenne pour le climat en donne une bonne illustration : ses conclusions ne sont ni climatosceptiques, ni irrationnelles, ni irréalisables, comme l'auraient prévu les tenants de la haine de la démocratie. Bien au contraire, cette expérience montre qu'un collectif de citoyens ayant les moyens concrets de délibérer en termes de temps et de qualité de l'information, et sans rapports de pouvoir en leur sein, s'oriente vers des propositions politiques empreintes de mesure et d'égalité.

Pour revivifier ce principe d'égalité, il faut empêcher l'autonomisation d'une classe politique à la poursuite de ses seuls intérêts (interdiction du cumul des mandats et limitations de leur renouvellement, tirage

au sort des membres). Il faut engager une décentralisation territoriale avec une réelle autonomie fiscale. Il
faut réduire les pouvoirs de l'exécutif avec l'élection des
députés à la proportionnelle, le vote des étrangers aux
élections locales et le renforcement du pouvoir législa-
tif du Parlement. Enfin, il faut une limitation des écarts
de revenus pour empêcher que le pouvoir économique
ne vienne corroder les institutions démocratiques, des
politiques d'éducation à la citoyenneté et une information libre et pluraliste.

Nous pensons que l'égalité ne s'oppose pas à la
liberté comme le ressasse l'antienne libérale. La visée
de la politique est la liberté, comprise non pas comme
liberté illimitée de faire ce que l'on veut, mais comme
capacité pour la société et pour chacun de créer
de nouvelles institutions fondées sur de nouvelles
valeurs et partant la possibilité de remettre en cause
les anciennes. La liberté a une dimension essentiellement collective, au contraire du sens libéral qui définit
la liberté comme essentiellement individuelle et devant
nécessairement être limitée par celle des autres. Cette
conception libérale de la liberté peut être négative si
elle n'est garantie qu'en instituant un État qui protège
l'ordre de la propriété privée[1]. La liberté définie comme
capacité de créer ensemble de nouvelles institutions
ne s'oppose donc pas à l'égalité, elle est l'autre face de
l'égalité. En effet, on ne peut être libre dans une société

---

1. Constant B. (2014), *De la liberté des Anciens comparée à celle des
Modernes*, Paris, Mille et Une nuits.

inégalitaire et divisée en classes, car alors une partie de la société a un pouvoir sur l'autre. L'égalité ne s'oppose pas à la liberté, elle en est la condition indépassable. La dérive autoritaire du néolibéralisme est l'expression la plus éclatante que la liberté purement individuelle affichée par les néolibéraux est un faux nez qui cache de plus en plus mal les rapports de domination brutes qui fondent depuis toujours le capitalisme.

CONCLUSION

Nous avons vraiment besoin
de vivre ensemble

L'objectif qui a présidé à l'écriture de cet ouvrage était de réfléchir à une transformation sociale et écologique de la société en partant des besoins qu'on peut considérer comme essentiels, ressentis par toute personne, concrètement, au quotidien de sa vie. En l'exprimant de cette manière, on pourrait en conclure que ces besoins sont individuels et doivent donc être laissés à l'arbitrage de chacun. En réalité, s'il est vrai que chaque individu ressent le besoin de se nourrir, se soigner, se loger, s'éduquer, se cultiver, produire, travailler et vivre ensemble, ces besoins ont d'emblée une dimension collective, pour deux raisons. La première est qu'ils correspondent à des normes sociales dominantes à un moment donné, dans une société donnée. La seconde est que leur satisfaction pour tous les êtres humains exige une prise en charge collective et une régulation politique des moyens pour y parvenir.

Cette exigence est aujourd'hui rendue encore plus forte par l'existence de la crise écologique et notamment du réchauffement du climat. En effet, pour répondre à la question ouverte par ce livre «de quoi avons-nous *vraiment* besoin?», il faut l'insérer dans une problématique plus vaste: nous avons besoin d'une nature qui ne soit pas irrémédiablement dégradée, tant pour les ressources vitales pour les humains comme l'eau et l'air, mais aussi sa diversité biologique animale et végétale doit être protégée, ainsi que les forêts ou les océans, abris de tant d'espèces vivantes.

Or, de ce point de vue, beaucoup trop d'équilibres écosystémiques sont menacés. Selon les dernières informations communiquées tant par le Groupe d'experts internationaux sur l'évolution du climat (GIEC) que par l'Agence internationale de l'énergie (AIE)[1], l'augmentation absolue des émissions de gaz à effet de serre (GES) se poursuit à l'échelle mondiale et ne laisse plus d'espoir de rester en dessous de +1,5 °C, comme le proclamait l'Accord de Paris de 2015. Nous avons donc besoin urgemment au plan mondial d'une révision radicale des modèles de production et de consommation, avec une responsabilité écrasante pour les pays riches et anciennement industrialisés. C'est dire que les déclarations qui suivent de «sommet» en «sommet»

---

1. AFP (2021), «L'humanité à l'aube de retombées climatiques cataclysmiques», Projet de rapport du GIEC, 23 juin. T.C. et AFP (2021), «Nouveau record d'émissions mondiales de CO_2 en vue, s'alarme l'AIE», *Les Échos*, 21 juillet.

sont restées des velléités pour l'instant sans lendemain. Sur le plan européen, l'objectif du «Green Deal» de la Commission européenne visant à réduire les émissions de GES de 55 % en 2030 par rapport à 1990, présenté comme décisif[1], risque fort de n'être jamais atteint, et même s'il l'était, il serait insuffisant pour réaliser une «neutralité carbone» en 2050. Quant à la France, l'objectif du gouvernement d'Emmanuel Macron et de Castex se situe encore à un niveau moindre[2].

Afin que la révision de tous les modèles productifs s'inscrive dans une planification démocratique de la base au sommet, impliquant le contrôle des grandes institutions industrielles et financières, une très forte mobilisation de toutes les forces sociales qui partagent globalement le projet d'une société fondé sur un vivre-ensemble plus juste et plus égalitaire sera nécessaire. Cela signifie la participation de toutes les personnes et des corps intermédiaires quant aux choix des grands investissements et aux moyens pour les financer. Ce sont quelques-unes des conditions pour que chacun des besoins que ce livre a choisi d'expliciter soit réellement satisfait de manière juste, c'est-à-dire partagée. C'est pourquoi la démarche qui inspire ce livre s'inscrit dans un renversement radical des politiques publiques,

1. Perrote D. (2021), «Climat: Bruxelles dévoile un plan ambitieux et explosif», *Les Échos*, 15 juillet.
2. Toutes les associations engagées sur la cause du climat le déplorent lors de l'adoption définitive de la loi «Climat et résilience», cf. Barroux R. (2021), «La loi Climat et résilience définitivement adoptée», *Le Monde*, 22 juillet.

notamment des politiques économiques et sociales. Dès l'instant où tous ces besoins vitaux deviendraient prioritaires *quoi qu'il en coûte*, pour reprendre une expression quasi proverbiale maintenant, une politique budgétaire assise sur une fiscalité juste et une politique monétaire au service de la société sont indispensables.

À cet égard, cette dernière a été quelque peu chamboulée au cours des dernières années. Et il est désormais clair que les dogmes monétaristes en vigueur pendant l'ère néolibérale sont désormais intenables. En allant plus loin, il est possible de mettre en débat la levée de l'interdiction absolue de financer les investissements d'avenir par la banque centrale, interdiction qui n'obéit qu'à une logique politique néolibérale. Et la Banque centrale européenne elle-même vient de décider de modifier son objectif d'une inflation maximale de 2 %, pour établir sur le moyen terme une «symétrie» tolérée en plus ou en moins autour de ce taux. Et elle se dit prête dorénavant à délaisser le dogme de la «neutralité de marché» pour soumettre à conditions de soutenabilité socio-écologique le refinancement des banques ou les crédits qu'elle leur accorde[1]. Parce que rien ne garantit que cette «révision» des autorités monétaires ne se soldera pas par de nouveaux renoncements, c'est le moment d'avancer sur les moyens de financer les investissements nécessaires à la satisfaction

---

1. Benoit G. (2021), «La BCE revoit son objectif d'inflation pour la première fois depuis 2003», *Les Échos*, 9 et 10 juillet.

des besoins individuels et collectifs débarrassés de leur verrou marchand.

Indiquons pour terminer une ou deux cibles précises qui permettraient de satisfaire chacun des besoins essentiels que ce livre aborde, et qui s'intègreraient dans un processus de transformation à la fois individuel et collectif.

Le besoin de se nourrir, avec des aliments sains, accessibles à tous les humains, peut être atteint en transformant le modèle agricole sur la base de l'agroécologie et des circuits courts, beaucoup plus respectueuse des équilibres naturels que l'agriculture industrielle, meilleure pour l'emploi et l'équilibre socioéconomique des territoires.

Le besoin de se soigner, tellement mis en évidence par la pandémie du coronavirus, met au rang des priorités le renforcement de l'hôpital public. Un hôpital public qui renoue avec sa fonction sociale, centré sur une véritable démocratie de santé et qui pose le soin comme un bien commun. Un hôpital public doté de personnel soignant et de moyens matériels suffisants, bien loin des exigences de rentabilité et des critères de gestion marchands. À cet égard, le partage des vaccins dans le monde, notamment en faveur des pays du Sud, s'oppose à leur marchandisation.

Le besoin de s'éduquer s'inscrit dans la même perspective. Là encore, il s'agit de bâtir des institutions éducatives, de l'école élémentaire à l'Université, qui soient exonérées de toute obligation marchande et dans laquelle l'émancipation des futurs citoyens est une dimension essentielle. L'accès à l'éducation étant marqué par de profondes inégalités, il convient d'accorder à tous les jeunes en formation ou en études une allocation d'autonomie.

Le besoin de se cultiver, à l'ère du numérique et de la précarisation d'une grande partie des gens du spectacle, pose le problème du passage d'un modèle productif intensif de la culture à un modèle plus extensif, plus ouvert, ralentissant la rotation des œuvres, sur le plan des territoires et sur celui de la mutualisation des moyens entre les établissements culturels.

Ce livre présente le besoin de se loger comme la résultante d'une double exigence : celle d'un d'habitat décent pour tous les individus et familles et celle de la mobilité qui leur est nécessaire. L'articulation de ce double besoin implique une modification profonde de la ville qui doit être moins divisée, ségréguée. De ce point de vue, ce sont les aspirations des femmes en quête d'émancipation qui peuvent être une source de solutions pour rendre l'habitat plus sûr et plus apaisé.

Atteindre les objectifs précédents pose la question de produire et de travailler ensemble. La bifurcation productive qui est nécessaire suppose de remettre en cause la logique managériale inhérente au capitalisme néolibéral. Le partage des décisions est décisif pour transformer les entreprises, de même qu'une réorientation des choix technologiques vers les systèmes plus simples, moins centralisés et moins énergétivores.

Et la transformation des entreprises passe par une modification radicale de l'organisation du travail, en termes de partage du travail, par la réduction de la durée légale du travail, et des revenus, encadrée dans des institutions publiques dont le but serait de garantir l'emploi et non la valeur pour l'actionnaire.

Tout ce qui précède est finalement rassemblé dans le besoin de «vivre ensemble». Le souci du bien commun, rend plus urgent que jamais de partager les ressources qui nous viennent de la nature et celles que produisent en collaboration les humains. Dès lors, la réduction drastique des inégalités de toutes sortes, entre les catégories sociales, entre les femmes et les hommes, entre les peuples du Nord et ceux du Sud, est simultanément un objectif et un moyen de la transformation de la société. Pour chacun des besoins essentiels à satisfaire, on retrouve l'idée que c'est par la coopération et non par la concurrence que l'on réussit à construire du commun.

Réfléchir à ce dont «nous avons *vraiment* besoin» n'est pas un exercice académique; il prend racine dans les innombrables problèmes qui devront être résolus au XXIᵉ siècle; il prend appui sur les interactions économiques, sociologiques, culturelles et politiques qu'exige une vie en société, une société encastrée dans une nature unique et limitée; et il se conclut par l'absolue

nécessité de procéder à un débat démocratique permanent sur les manières de vivre ensemble et donc
sur les priorités à satisfaire parmi l'éventail quasi infini
de désirs et de fantasmes qu'un capitalisme malade
entreprend toujours de faire s'épanouir pour restaurer
sa dynamique et alimenter la volonté de toute-puis-
sance. Est-ce de cette fuite en avant mortifère dont les
humains ont vraiment besoin? En réunissant dans un
raccourci les deux limites à l'action humaine que ne
peut dépasser le capitalisme, le temps et l'espace, Paul
Valéry avait répondu en 1931 à cette question: «Le
temps du monde fini commence»[1]. Pour tenir compte
de cet avertissement, il faut prendre au sérieux le terme
vraiment dans le titre de cet ouvrage. Et c'est ce *vraiment* qui doit devenir l'objet du débat démocratique. La
difficulté commence ici, car le *vraiment besoin* n'est pas
le même pour toutes les classes de la société. Mais nous
le savons depuis longtemps: la question des besoins est
au cœur de la confrontation sociale...

---

1. Valéry P. (1960), *Avant-propos à Regards sur le monde actuel et
autres essais*, Paris, Gallimard, «La Pléiade», p. 923.

Table

TABLE   253

Si vous souhaitez être tenu informé des parutions
et de l'actualité des éditions Les Liens qui Libèrent,
visitez notre site :
http://www.editionslesliensquiliberent.fr

Composition : In folio

Achevé d'imprimer en septembre 2022
par Normandie Roto Impression s.a.s. à Lonrai
Dépôt légal : octobre 2022
N° impr : 2203781
Imprimé en France